LA FELICIDAD

GABRIEL ROLÓN

LA FELICIDAD

MÁS ALLÁ DE LA ILUSIÓN

Obra editada en colaboración con Editorial Planeta - Argentina

© 2023, Gabriel Rolón

Corrección de textos: Esteban Bértola

© 2023, Grupo Editorial Planeta S.A.I.C. – Buenos Aires, Argentina

Derechos reservados

© 2024, Ediciones Culturales Paidós, S.A. de C.V.
Bajo el sello editorial PAIDÓS M.R.
Avenida Presidente Masarik núm. 111,
Piso 2, Polanco V Sección, Miguel Hidalgo
C.P. 11560, Ciudad de México
www.planetadelibros.com.mx
www.paidos.com.mx

Primera edición impresa en Argentina: diciembre de 2023
ISBN: 978-950-49-7675-2

Primera edición impresa en México: febrero de 2024
Cuarta reimpresión en México: junio de 2024
ISBN: 978-607-569-646-1

Impreso en los talleres de Litográfica Ingramex, S.A. de C.V.
Centeno núm. 162-1, colonia Granjas Esmeralda, Ciudad de México
Impreso en México – *Printed in Mexico*

Jorge, hermano, no me olvido…
¡Siempre en fiestas!

AGRADECIMIENTOS

A Cynthia Wila por el tiempo dedicado a esta obra. Y por tanto amor.

A Mariano Valerio y a Nicolás Tolcachier, por sus horas de remo a mi lado.

A Nacho Iraola… uno más, amigo.

A Adriana Fernández por sumarse a este viaje.

A Gastón Etchegaray y cada uno de mis amigos del Grupo Editorial Planeta.

A Martín Izquierdo por sugerir esta idea.

A Andy Kustnetzoff. Y sí… nos hicimos amigos.

A todos mis compañeros de "Perros de la calle", que ya son parte de mis afectos.

A Charlie Nieto por alentarme en cada camarín a no bajar los brazos.

A mi familia, siempre.

Si por una suerte extraña atravesamos la vida encontrándonos solamente con gente desdichada, no es accidental, no es porque pudiese ser de otro modo. Uno piensa que la gente feliz debe estar en algún lado. Pues bien, si no se quitan eso de la cabeza, es que no han entendido nada del psicoanálisis.

JACQUES LACAN

PRÓLOGO

Todo comenzó al regreso.

Era de madrugaba. En medio de la niebla conversaba con mi amigo Martín. Era una charla íntima y distendida. Durante muchos kilómetros el amor, la soledad, la esperanza, el dolor y la pasión fueron compañeros de ruta. De pronto me miró y dijo: "Deberías escribir un libro acerca de la felicidad".

Le respondí que eso era imposible. Un analista está familiarizado con la angustia, con el deseo, pero no con la felicidad. No acordó, aunque renunció al intento de convencerme. Durante unos minutos viajamos en silencio. Pero era tarde. Ya no podía dejar de considerar la idea.

Meses después, en "Perros de la calle", el programa radial en el que una vez por semana nos entregamos a la libre asociación y al pensamiento, Andy

Kustnetzoff, su conductor, me desafió a un juego: al final de mis columnas debía proponer una fórmula para ser feliz.

Me reí. Es claro que para un psicoanalista no existen las recetas ni los consejos. Un analista no es un dador de respuestas sino un generador de preguntas. Pero lanzados al juego tomé el guante y convinimos en poner un límite: diez.

Así fue que, durante diez semanas, dependiendo del tema que se hubiera generado, improvisé algunas ideas.

Esta es la lista que surgió:

- Nunca tomemos una decisión que no podamos sostener. Nadie puede ser feliz si debe convivir con decisiones insostenibles.

- Todos hemos atravesado momentos difíciles y llevamos heridas que no siempre sanarán. No dejemos que las sombras del pasado oscurezcan el presente.

- No debemos estar con alguien solamente para llenar un vacío. Estemos con alguien cuando solos con nuestros vacíos podamos sentirnos bien.

- No creamos que ser felices es estar completos.

- Vivamos de modo tal que podamos mirar hacia adentro sin sentir vergüenza de quienes somos.

- Hay cosas imperdonables. Trabajemos para eximir aquellas que sí podemos perdonar. Y jamás estemos con alguien a quien no podamos perdonar.

- Así como no todos los amores merecen ser vividos, no todas las batallas merecen ser libradas. Hay batallas que conviene ceder, aun teniendo razón, porque para ser feliz a veces es preferible tener paz y no razón.

- No todos los deseos pueden cumplirse. Por eso, no nos aferremos a ilusiones imposibles, pero jamás soltemos un sueño ni dejemos de luchar antes de tiempo.

- Renunciemos al optimismo y la esperanza, esas cosas engañosas que nos hacen creer que seremos felices. Es preferible una tristeza verdadera a una felicidad tramposa.

- La vida es un lugar muy difícil y tendemos a idealizar las cosas: el amor, la amistad, la vida misma. No idealicemos también la felicidad. Si tenemos una opción de ser felices, nunca será sin un poco de tristeza, sin un poco de ausencia, sin un poco de dolor, sin algo de soledad y sin faltas. Si alguna felicidad es posible, tenemos que aceptar que será una felicidad imperfecta.

Así nació esta obra.

Fue un camino sinuoso. Una deriva que me llevó del pasado al futuro, del recuerdo emocionado a la reflexión, donde los pensamientos de madrugada y las ocurrencias radiales encontraron un espacio para desarrollarse.

Pensar en la felicidad tal vez sea pensar en un vacío, en un borde, en un espacio intermitente que de pronto se percibe y luego se va, quién sabe adónde. Como el Inconsciente.

Este fue el libro que más me costó escribir.

Y confieso que lo termino con una sensación extraña.

Una sensación de *faltacidad*.

INTRODUCCIÓN

Todos seremos ausencia.

Todos seremos duelados.

De ese modo puse punto final a *El duelo*, mi libro anterior. Con esa sensación extraña que genera despedirse de un tema sobre el cual se ha trabajado casi toda una vida. Años de lectura y pensamiento dedicados a ese proceso doloroso que debe recorrer todo el que ha perdido algo que ama, ya que nadie tiene que duelar lo que no amó. Estar de duelo implica reconocer dos cosas: la primera, que amamos, la segunda, que perdimos.

Aquella tarde escribí mi nombre, la fecha y la palabra "fin", pero me equivoqué. Anclados al tema habían quedado en mi mente algunos interrogantes nuevos. Si es cierto que todos seremos ausencia, ¿puede aspirar a la felicidad un ser recorrido por la certeza de su muerte? Alguna vez me preguntaron si era feliz. Al igual que Borges pensé: soy humano, soy mortal, ¿cómo puedo serlo?

Una respuesta tan dramática como certera.

Así planteado parece imposible que el ser humano y la felicidad coincidan en un mismo espacio. Sin embargo, como Borges mismo sugirió, si en todos los idiomas se han tomado el trabajo de inventar la palabra es muy probable que también exista el hecho. Probable, sí, pero no seguro.

No es casual que el tema haya inquietado a los grandes pensadores de la historia. La filosofía y las religiones, con sus teorías y promesas, no han hecho más que intentar develar el enigma. Y sin embargo la felicidad sigue allí, tan misteriosa como siempre. Como este diván vacío.

Me preparo un café y pienso.

Lo hago cuando estoy solo en el consultorio; cuando termina el día o en la pausa entre una sesión y otra. En esos minutos en que todavía resuenan los dichos de un paciente y se anticipan las palabras del próximo. No sé por qué. Tal vez sea una forma de expulsar un resto de angustia que no me pertenece, o un modo de disponerme a escuchar angustias nuevas, también ajenas. O propias, ¿por qué no? Después de todo, el espacio analítico es un lugar donde las palabras y emociones se cruzan y ya no pertenecen ni al paciente ni al analista sino a ese ámbito particular donde los

Inconscientes de uno y otro se entrelazan en un nudo que susurra una verdad.

Hace muchos años, cuando comencé a ejercer el Psicoanálisis, estaba atento a que apareciera alguna manifestación del Inconsciente de mis pacientes. Acechaba como esas gárgolas que se asoman desde la cima de las catedrales. Con el tiempo entendí que estaba equivocado. El Inconsciente no es una caja oscura que habita dentro del analizante. Es un destello que nace y muere al instante y reside en el mundo particular del consultorio. No pertenece ni al paciente ni al analista, sino al vínculo que se establece entre ambos, y lo mejor que puedo hacer es esperar. Con paciencia, con el compromiso ético de escuchar una verdad que aún no encuentra la manera de hacerse oír. Sin ansiedad. Un analista ansioso es una muralla difícil de franquear. Cuando eso ocurre, el Inconsciente se ausenta y el tratamiento se detiene.

No es nada nuevo. Hace décadas Freud recomendó al analista sostener la "atención flotante". Un estado de calma que le permite alojar la angustia y percibir los misterios del paciente. Lo sabía entonces, pero necesité años para que ese saber se hiciera carne.

Vuelvo de la cocina.

Amo mi consultorio, es como lo soñé. Del lado de la ventana que da a la calle está el diván. Detrás, en esa disposición extraña que ninguna otra relación más que el vínculo analítico puede justificar, se encuentra mi asiento. Frente a él una mesa baja, y del otro lado un sillón de tres cuerpos donde se sientan quienes trabajan conmigo cara a cara.

En medio del espacio hay un escritorio, el lugar en que leo, pienso o escribo. A su espalda la biblioteca, refugio de mis obsesiones. La recorro con la vista. Me gusta, me relaja, y a veces me inquieta. Allí están los libros que leí, los que esperan ser leídos y los que no leeré jamás. Porque la vida es tiempo, y mis obsesiones son más numerosas que mis días.

A la derecha, debajo de un techo vidriado que deja pasar la luz natural, está el piano, emblema del deseo más fuerte de mi vida. Un deseo que en mi niñez era imposible de alcanzar. Por aquellos años el piano era un lujo al que sólo podían acceder las familias adineradas. Mi papá era albañil y mi madre cosía vestiditos para muñecas. Eso no impidió que manifestara mi deseo. Así fue que un sábado al mediodía mi papá volvió de la obra trayendo en una bolsa de papel madera una guitarra usada que compró a uno de sus compañeros de trabajo. Felicidad y desilusión. La felicidad de saber que había escuchado mi sueño de ser músico. La desilusión de entender que el piano no era una posibilidad para mí.

Tres días después comencé a tomar clases. No fue un acto de resignación ni conformismo. Por el contrario, en esas clases fui feliz.

Para no quedar atrapado en la frustración muchas veces debemos adecuar lo deseado a lo posible.

Cuando cumplí cuarenta y dos años pude por fin comprarme un piano, y por un instante tuve la ilusión de que llegaría a ser pianista, como soñaba de niño. ¿Por qué no? Mis años de estudio me permitían leer música, componer, y mis dedos acostumbrados a las exigencias de la guitarra se movían con destreza. No había tiempo para postergar. En ocasiones, la postergación impide la felicidad. Por eso volví a dedicar horas de mi vida al estudio intentando descifrar los misterios de un instrumento cuya técnica desconocía.

En Oriente cuentan de la existencia de guerreros que se entrenaban toda la vida para cazar dragones aun sabiendo que los dragones no existen. Es un acto noble dedicarse a perfeccionar un arte que jamás se utilizará con el único propósito de ser mejores. Algo parecido me ocurre con el piano. Hoy lo sé. Nunca llegaré a ser pianista. No daré un concierto ni dirigiré una orquesta. Aun así, le entrego mucho tiempo y cada pasaje que logro resolver me genera un sentimiento tan fuerte como extraño. Quizás esta sea una de las formas de la felicidad.

* * *

Nunca alguien entró a mi consultorio diciendo que era feliz. Como si la felicidad y el análisis se excluyeran. Y a lo mejor es así. Lo cierto es que toda persona que atraviesa mi puerta por primera vez, trae un dolor. Por eso sé bien de qué se trata. Lo he visto en los ojos desgarrados de Martina, una madre a quien se le murió una hija, en la desesperación de Majo, una adolescente que se enteró de que tenía una enfermedad terminal, o en la angustia de un hombre o una mujer que descubrieron una traición. No importa cómo se presente. En cualquiera de sus formas, el padecimiento y yo nos conocemos bien. Somos rivales que pelean a diario. A veces gana él, a veces, por suerte, no. De todos modos, como los héroes del Valhalla que morían en batalla y resucitaban a la mañana siguiente para retomar la lucha, cada día regreso al consultorio para enfrentar el dolor una vez más.

En cambio, la felicidad es una visita poco frecuente. Un anhelo que consciente o inconscientemente recorre a quienes me consultan. Cada cual, a su modo, viene a verme para que lo ayude a ser feliz. Ignoran que no es ese el propósito de un análisis. El analista no promete ni busca la felicidad de su paciente. La invitación es otra. El desafío es acompañarlo a visitar sus rincones más oscuros, sus emociones más dolorosas intentando correr el velo que cubre esos secretos que no quieren compartirse con nadie, ni siquiera con uno mismo. Secretos mudos que enferman. Si el paciente acepta el reto, comienza el análisis. Un camino arduo y probablemente extenso.

En ocasiones me preguntaron acerca del alta, ese momento donde el tratamiento llega a su fin.

Jacques Lacan nunca sugirió que el paciente de alta se iría feliz. Apenas insinuó que esa persona dejaría el análisis preparada para soportar su soledad sin que le atormentara la tristeza. El autor uruguayo Enrique Estrázulas escribió un libro hermoso titulado *Soledades pobladas de mujeres*. Me permito parafrasearlo y pensar que al final de un análisis el paciente se encuentra en paz con sus soledades pobladas de fantasmas, de orgasmos que todavía emocionan y de noches angustiadas a causa de algún amor perdido. Pienso en mis propias soledades, donde habitan al mismo tiempo el padre todopoderoso que construí en la niñez y el hombre que me despertaba con su llanto por las madrugadas cuando en algún sueño revivía su infancia en un orfanato.

La soledad es un tema complejo, incluso paradójico. Porque nunca estamos menos solos que cuando estamos solos. En esos momentos en que somos nosotros y nuestras heridas, nosotros y nuestro cuerpo, nosotros y la historia que nos recorre y nos determina. En definitiva, nosotros y todo eso que nos habita en el momento más íntimo: la soledad.

Vienen a mi mente los ascetas. Hombres y mujeres que se alejaban de los placeres del mundo en busca de la perfección espiritual. Creían que sin las distracciones que propone la vida cotidiana Dios estaría más cerca. Para fortalecer su ánimo se retiraban a los desiertos, soportaban el calor y resistían el hambre y las lluvias. Y aun allí, lejos de todo, en esa soledad plena, experimentaban una invasión de tentaciones, imágenes y demonios.

El escritor francés Jacques Lacarrière escribió acerca de los ascetas en su libro *Los hombres ebrios de Dios*:

No se hace impunemente la experiencia de una ruptura total con el mundo, no se ayuna durante años, hundido en una gruta o expuesto a las quemaduras del sol, sin que la personalidad se sienta hondamente trastornada. Semejante prueba, llevada a lo largo de toda una vida, termina por crear en el asceta ciertos fenómenos psíquicos acerca de los cuales los textos aportan notables testimonios. Esas figuras fantásticas que aparecían a los eremitas, esos demonios, esas criaturas fantasmagóricas que vienen a tentar al asceta constituyen el cortejo inevitable de todos aquellos que creyeron liberarse para siempre del mundo, pero cuyo cortejo de imágenes agresivas o seductoras no pudieron evitar.

A su modo, Lacarrière asume que el ascetismo es un sacrificio vano. Aunque lejos del mundo y sus tentaciones, bajo la forma de sombras o demonios vendrán a visitarnos imágenes nacidas del deseo y de pulsiones que no podemos eludir.

En el tango "Soledad", el poeta Alfredo Lepera describe los pensamientos de un hombre que ha sido abandonado por la mujer que ama y se encuentra solo.

En la plateada esfera del reloj,
las horas que agonizan se niegan a pasar.
Hay un desfile de extrañas figuras
que me contemplan con burlón mirar.

Es una caravana interminable
que se hunde en el olvido con su mueca espectral,
se va con ella tu boca que era mía,
sólo me queda la angustia de mi mal.

Una caravana interminable. Un desfile de extrañas figuras que lo contemplan con burlón mirar.

Soledad afantasmada.

Soledad sin entretenimientos infructuosos.

Lacan pensaba que podía darse el alta al paciente que en el recorrido de su análisis hubiera aprendido a convivir con sus fantasmas. Acuerdo. El análisis no persigue la meta de transformar al paciente en una persona feliz. Esa es la utopía de ciertas terapias que apuestan al voluntarismo, al querer es poder, al engaño que hace del terapeuta alguien capaz de lograr que una persona alcance todos sus sueños. Eso es imposible. Ya diremos más sobre este asunto.

Aceptemos la verdad: el alta no implica la conquista de la felicidad.

En su libro *¡Sí, el psicoanálisis cura!*, Juan David Nasio escribió:

> *El paciente curado reconoce sus defectos y valora sus cualidades, sin exageración. Ya no se siente ni el más insignificante de los hombres ni el más inteligente. [...]*
>
> *El paciente curado ha aprendido que ningún dolor es definitivo, ni absoluto, ni total y que uno siempre conserva en su interior recursos insospechados para volver a ponerse de pie. Estar curado es poder reaccionar a lo inesperado, por doloroso que sea, y reencontrar la capacidad de amar y de actuar. [...]*
>
> *Siempre quedará una parte de sufrimiento, un sufrimiento irreductible, inherente a la vida, necesario a la vida. Vivir sin sufrimiento no es vivir.*

Subrayo esa última frase: vivir sin sufrimiento no es vivir.

Tal vez por eso el consultorio es un lugar sufriente. Porque es un lugar vital. El sufrimiento y la vida son inseparables. Sin embargo, no es esta una mirada masoquista. No se trata de perseguir ni desear el sufrimiento sino de reconocerlo como una experiencia inevitable. Pero debemos luchar para que ese sufrimiento inherente a la vida no se vuelva un tormento. Por eso el Psicoanálisis. Para ayudar a que alguien resuelva sus padecimientos y pueda soportar el dolor inevitable que implica estar vivo.

¿Qué lugar queda, entonces, para la felicidad?

Mucho, siempre y cuando no se piense en ella de una manera ingenua. La felicidad concebida desde el ideal mercantilista, como una obligación que hace que alguien se sienta culpable por estar mal, por atravesar un duelo, por llorar ante la pérdida de un amor, no encuentra lugar en el análisis. Por el contrario, el consultorio abre sus puertas desde el respeto para decir: pase quien esté sufriendo que aquí no tendrá que avergonzarse de su dolor.

La vida es un lugar difícil, y el analista debe trabajar para que el paciente pueda convivir con sus faltas sin necesidad de entretenerse en el camino para no ver la dificultad que implica estar vivo.

Entonces, ¿el análisis promueve o consigue que alguien sea más feliz? Quizás podamos responder esa pregunta más adelante.

* * *

Este libro parte de la duda y de un cuestionamiento: ¿qué es la felicidad?

Si se revisa lo escrito a lo largo de la historia por quienes pensaron el tema, la definición de felicidad encuentra sentidos diferentes. La palabra misma parece ser un cuenco lleno de teorías que se pretenden certeras y a veces chocan entre sí. Platón y la virtud, Aristóteles y el fin supremo, Epicuro y el placer, Kant y la búsqueda del deber, Heidegger y la vida inauténtica, Byung-Chul Han y su crítica a esta sociedad que siente fobia al dolor, Nietzsche y la voluntad de poder, Bertrand Russell y una conquista imposible, Compte Sponville y la desesperación. Pensadores que de un modo directo o velado habitarán estas páginas.

No tengo certezas, pero puedo asegurar que la felicidad no está en las falsas metas que nos propone la cultura contemporánea. No la conseguiremos con logros materiales, con mayor reconocimiento en las redes sociales, ni al cumplir con alguno de los mandatos familiares, porque es posible que en ninguna de esas cosas se juegue nuestro deseo.

Estamos tan atravesados por opiniones ajenas que quedamos excéntricos a nosotros mismos. Vivimos alienados al discurso de los demás, y el análisis se propone acallar esos discursos "otros" intentando que al menos como un susurro lejano el paciente pueda escuchar su propia voz. Sólo cuando eso ocurra el análisis se pondrá en movimiento. Veremos luego hacia dónde nos lleva. Quizás debamos abandonar lo que creemos que nos hace felices para ser nosotros mismos. También es posible que aprendamos a valorar algunas cosas que, por tenerlas cerca, no llegamos a apreciar. No será un trabajo fácil. Se trata a la vez de una puja y una elección. Muchos pacientes abandonan el tratamiento porque se asustan.

Todo tiene un precio, y el camino que lleva hacia uno mismo no es la excepción. Entonces, al comprender las pérdidas que se acercan, esos pacientes eligen el ruido que generan realidades que no les pertenecen.

También están los demás. Amigos, familia, personas que con sus opiniones muchas veces interfieren en el tratamiento.

El paciente se debate entre esas voces y otras que, desde adentro, pegan manotazos para hacerse oír. Manotazos que llamamos "Formaciones del Inconsciente" (lapsus, actos fallidos, chistes, sueños y síntomas). Experiencias que ponen en juego algo desconocido que, sin embargo, es tan propio que devela que lo que creemos ser poco tiene que ver con lo que en verdad somos.

Una lectura caprichosa de los textos de Freud dio origen a la llamada "Psicología del Yo". Una escuela que pensó que el camino estaba en fortalecer la personalidad del paciente y alimentar su autoestima. Lejos de eso, el analista sabe que el "Yo" es una estafa, un velo, un engaño que nos armamos para no aceptar el hecho de que todo no se puede (a eso nos referimos los analistas cuando hablamos de "castración") porque siempre habrá algo imposible de conseguir.

Todo sujeto humano es recorrido por una falta de la que intenta escapar construyendo una identidad imaginaria, un supuesto ser. El análisis, lejos de huir del vacío, busca que el paciente se acerque a él todo lo que pueda. Surge, entonces, una pregunta: ¿en ese punto de máxima cercanía al abismo hay alguna posibilidad de ser feliz?

Y otra vez aparece el anhelo de felicidad.

Nietzsche pensaba que la búsqueda de la felicidad no era más que un desperdicio de tiempo de vida. Como sea, cada día al entrar al consultorio tomo el guante y retomo mi batalla.

En *El duelo* comparé al analista con Virgilio, el poeta que guio al Dante en *La divina comedia* porque, al igual que él, acompañamos a nuestros pacientes en el recorrido por sus infiernos personales. Ahora doy un paso más y afirmo que también caminamos junto a ellos por el Purgatorio, el lugar al que acceden quienes no fueron condenados al Infierno, pero todavía no están preparados para entrar al Paraíso.

Así como Dante dividió el Infierno en círculos, el Purgatorio se compone de siete giros en los que el alma se va limpiando de sus pecados. Al ingresar, se graban en ellas siete "P" que representan cada uno de los pecados capitales: soberbia, envidia, ira, pereza, avaricia, gula y lujuria. A medida que avanzan por los giros, esos pecados son lavados y las "P" se van borrando una tras otra. Según Alighieri, sólo cuando ya no quede ninguna, luego de la expiación y el arrepentimiento, el alma estará lista para acceder al Paraíso.

Como lo hicimos con el Infierno, podemos hacer también una analogía entre el análisis y el Purgatorio, con la diferencia de que en lugar de borrar las "P" de sus pecados, el paciente deberá resolver las "T" de sus traumas para liberarse de las "S" de los síntomas que lo atormentan. Liberarse o al menos aprender a hacer algo distinto a pesar de ellos. Pero, ¿basta con eso para ser feliz? Es posible que no. Por eso el análisis intenta ir un poco más allá. Apenas un poco, aunque suficiente para hacer del paciente una persona distinta. Una persona que, como dice Jorge Beckerman, no hubiera sido nunca de no haberse analizado.

Mientras termino mi café me pregunto qué me impulsa a acompañar a mis pacientes en un viaje tan incierto. ¿El enigma que representan, el deseo de aliviar sus padecimientos, o el desafío de acercarme al misterio de la felicidad? Lo ignoro. Sólo sé que será un proceso complicado. Ya lo hemos dicho: quienes entran al consultorio no son felices. ¿Pero acaso lo son quienes no llegan a un análisis? ¿Lo han sido alguna vez esos desconocidos que caminan por la calle?

Es una frase muy dicha, sí, pero la vida nos da sorpresas y, muchas veces, circunstancias indeseadas abren puertas que ni siquiera sospechábamos.

Cuando tenía catorce años un hecho desafortunado obligó a mi familia a dejar la casa en que vivíamos en el barrio de Liniers para regresar por unos meses a Gregorio de Laferrére. Había nacido en ese lugar del que, por otro infortunio, nos fuimos cuando tenía cinco años. Ahora volvía.

Alojados por la generosidad de un tío, nos quedamos en una pieza a la espera de que se desocupara el departamento al que debíamos mudarnos.

Al principio me costó el cambio. Esas calles de las que me había despedido con dolor diez años atrás, ya no eran mis calles. Yo mismo me había convertido en un desconocido para mis amigos de la niñez. Sin embargo, el cariño familiar hizo lo suyo y, cuando comenzaba a sentirme a gusto, el departamento esperado quedó libre. Y allá fuimos.

En el norte del Gran Buenos Aires, Florida es una zona muy hermosa, pero me resultaba ajena. Con mi familia en la localidad de La Matanza y mis compañeros de colegio en Liniers, me sentí aislado y con pocas posibilidades de generar vínculos nuevos. Fue entonces que padecí la soledad de los domingos. Ese momento en que la vida parece volverse más pesada. Luego del almuerzo mis padres descansaban y yo quedaba fatalmente solo frente a la inmensidad de un tiempo que no quería avanzar. Como escribió Lepera: *las horas que agonizan se niegan a pasar.* Y fue entonces que la descubrí. Apenas a seis cuadras de mi nuevo hogar estaba la estación de tren, y una de esas tardes lentas de domingo tomé un libro, *Los miserables*, caminé hasta ahí y me subí en el tren que iba a Retiro. Al llegar compré un cospel de subte y realicé todas las combinaciones posibles mientras leía emocionado la obra de Víctor Hugo. Sin que me diera cuenta se hizo la noche y volví a la estación para regresar a casa. Después de tantas semanas de inquietud lo había descubierto: ser feliz no era imposible. Bastaba con un pasaje de ida y vuelta a Retiro, un cospel de subterráneo y un libro.

A partir de ese día, los domingos se transformaron para mí en el momento más esperado de la semana. Y fue en una de esas lecturas que me topé con una idea de Cortázar: un hombre que caminaba por las madrugadas preguntándose qué harían a esa hora quienes permanecían todavía con las luces de sus casas encendidas. Cada una de esas ventanas iluminadas escondía un misterio.

La idea me conmovió y, al levantar la vista, me pregunté en qué pensaba esa mujer que viajaba dos asientos delante de mí. ¿Por qué llevaba esa mirada triste… o quizás pensativa? ¿A quién iba a ver? ¿De dónde venía? ¿Cuáles eran sus sueños? ¿Cuáles sus angustias?

Con el tiempo, develar esos misterios se transformó en una actividad tan apasionante como la lectura misma.

Hoy, tanto después, entiendo que ese interés, esa obsesión por conocer los mundos que habitan en cada persona, ha sido fundamental para mi oficio de escritor. Después de todo, ¿qué otra cosa hace un autor más que narrar los universos posibles de sus personajes?

Hace poco, en un bar de la calle Florida, me llevé por delante una sorpresa. Mientras compartíamos un café, Juan David Nasio me confesó que siempre intentaba deducir qué pensamientos y emociones recorrían a las personas con las que se cruzaba en la calle. ¿De qué conversaban las parejas que cenaban en la mesa que estaba a su lado? ¿Todavía se amaban? ¿Preparaban un viaje o hablaban del divorcio? Lo observé en silencio.

–Créame –me dijo–. Es una tarea que todo analista debería hacer.

Y sonreí al descubrir que, sin saberlo, durante toda mi adolescencia, en cada uno de aquellos viajes de domingo, me había estado preparando para ser analista.

Sigo teniendo esa costumbre.

Cuando cruzo una plaza y veo a alguien sentado solo en un banco, cuando un hombre insulta desde la ventanilla de un auto o una mujer lleva un bebé en sus brazos, me pregunto: ¿qué piensan? ¿Qué sienten? ¿Están donde querrían estar? ¿Están con quien desean estar? ¿Es esta la vida que soñaban? Y a pesar de este ejercicio cotidiano, el misterio permanece intacto. Apenas he podido comprender algunas cosas. Que nadie lo tiene todo. Que cada ser humano convive con una falta imposible de llenar, y a pesar de eso, la mayoría sigue dando batalla, armando proyectos y apostando a sus deseos. Al menos así han sido los caminantes que cruzaron por mi vida, mis compañeros de trenes y subtes, incluso los personajes de mis lecturas, como mi amado Jean Valjean. Seres ilusionados con alcanzar una felicidad que suavice sus heridas.

Y pienso en Voltaire: *buscamos la felicidad, sin saber dónde como los borrachos buscan su casa, sabiendo que tienen una.*

¿Será cierto? ¿Habrá alguna felicidad esperándonos? ¿Hemos sido felices alguna vez? ¿Lo seremos algún día?

El timbre interrumpe mis pensamientos. Ha llegado el próximo paciente. Ahora abriré la puerta para encontrarme con otro ser humano. Con sus anhelos, sus dolores y sus llantos.

Y así, con la confirmación del destino inevitable que tiene este consultorio, empiezo un nuevo viaje.

I

TERRITORIOS Y TIEMPOS
DE FELICIDAD

¿En qué rincón, luna mía, volcás,
como entonces, tu clara alegría?
CÁTULO CASTILLO

TERRITORIOS Y TIEMPOS
DE FELICIDAD

1. FELICIDAD Y PASADO

En los años que llevo como analista he percibido en muchos pacientes la nostalgia por su niñez, como si aquel tiempo hubiera sido un momento de felicidad plena. A veces, en el balance de la vida aparece la "patria de la infancia" como un espacio cristalino donde se recuerdan la sonrisa, los juegos, las primeras amistades. Es posible que la ausencia de preocupaciones, de deberes adultos, de responsabilidades vitales y económicas de aquel tiempo nos haga pensar de esta manera. ¿Pero es realmente así?

Pienso que se trata de una falacia.

Encontramos la felicidad en el ayer de una manera engañosa, como quien nos muestra una fotografía en que se lo ve junto a un lago en las sierras y cuenta lo feliz que fue en esa ocasión. Sin embargo, es posible que se equivoque, que en aquel momento su preocupación fuera captar la mejor imagen en lugar de vivir ese instante.

Quizás alguien haya tenido una infancia feliz, pero cuando esto se fuerza, cuando se busca desesperadamente la felicidad en la niñez, se acomodan y agigantan recuerdos que tal vez no fueron tan dichosos. Puede ser que, a la distancia, nos invada la idea de que deberíamos haber sido felices en aquel momento. Entonces, la psiquis hace una suerte de "edición": agrega detalles que faltaron y saca algunos, a veces tristes y otros crueles, para convertir aquel "pasado real" en un pasado feliz.

Cierta vez le pedí a Daniela, una paciente que hacía un culto de su infancia, que hiciéramos un ejercicio. Para la próxima sesión debía traer alguna foto de su niñez que reflejara un momento feliz. A la semana siguiente vino con una fotografía donde se la veía en el jardín de su casa junto a sus hermanos y sus padres. Y allí estaba ella, con seis o siete años. Sonrió. Le pregunté qué pensaba.

–¡Qué lindo! –me dijo–. ¡Qué joven estaba mamá!

Su voz se quebró y permaneció en silencio. Le pedí que me dijera qué cruzaba por su mente en ese momento.

–¿Qué puedo decirte? ¿No ves lo felices que éramos?

Me detuve en la foto y le pregunté por sus hermanas que la abrazaban en la imagen.

–Esta es Lucía – señaló–. Y esta otra, Lourdes –con quien no se hablaba desde hace cinco años–. Mi mamá era hermosa. Y como te dije, en ese momento era muy joven. Menor de lo que soy yo ahora.

Le devolví la foto para que pudiera mirarla.

–¿Me equivoco o vos no estás sonriendo como el resto?

La observó unos segundos.

–Es que me obligaron a salir en la foto. Yo estaba jugando con Leila, mi mejor amiga, y tuve que interrumpir porque mamá vino a buscarme.

–Claro. Y vos, ¿no querías ir?

–Ni loca.

–Por eso saliste seria… ¿enojada?

–Puede ser.

–Entonces no estabas feliz.

Me mira.

–Era una nena –comenta como si fuera una obviedad.

–Lo sé. Durante toda tu infancia lo fuiste. Pero de eso hablábamos en tu sesión anterior, de lo feliz que habías sido de chica. Bueno, aquí no lo parece.

–Fue un momento.

Asiento.

–Me dijiste que tu mamá interrumpió un juego con tu mejor amiga para obligarte a salir en la foto. ¿Solía hacer ese tipo de cosas?

–¿Qué cosas?

–Interrumpir tu disfrute.

Se toma unos segundos.

–Sí. Era brava, caprichosa. A veces pienso que no soportaba estar sola y necesitaba tenernos siempre a su lado.

–Y a sus órdenes –silencio–. A las tres.

–No. Lucía zafó. A lo mejor porque era la más grande. Lourdes y yo no la pasamos tan bien.

–Bueno –acoté–, entonces se ve que no siempre fuiste tan feliz como decías.

No responde.

–¿Y tu padre? Es la única persona que está en la foto y no nombraste –sus ojos se llenan de lágrimas–. Quizás porque todavía no podés hablar de él en tiempo pasado, porque te cuesta asumir su muerte, ¿no te parece?

–Puede ser. Creo que todavía no estoy lista para eso.

–Si no lo estuvieras no me habrías traído esta foto –me interroga con la mirada–. Misterios del Inconsciente. Ya te vas a acostumbrar –y continúo–: ¿Es posible que tu infancia no haya sido tan feliz como creías? ¿Que ahora, al mirarla a la distancia, sientas que deberías haber sido feliz, que es diferente?

–¿Y por qué sentiría eso?

–A lo mejor porque tu papá estaba vivo. Porque Lourdes, que ya ni te atiende el teléfono, en aquella época te abrazaba. Porque tu madre no sólo era esa mamá caprichosa que interrumpía tus momentos de disfrute sino, como dijiste, también era una mujer joven y hermosa. Tal vez porque no te habías separado. Porque la vida todavía era una hoja en blanco.

Muchas veces he jugado con esta idea.

Aunque estemos rodeados de gente, vivir implica aceptar el desafío de estar solos. Y, más tarde o más temprano, llega un momento en la vida en que esa soledad comienza a llenarse de ausencias o, mejor dicho, de presencias que no dejan de estar, aunque algunas personas, como el padre de Daniela, hayan muerto. Pero quedan sus voces que nos visitan en medio de nuestra soledad.

A veces me digo: *tranquilo, Negro*, que es lo que mi papá me hubiera dicho si viviera. Escucho sus palabras, me recorren, y en mi soledad rescato lo que guardo de él, aunque también se me presentifique lo que ya no tengo.

Es una experiencia que empecé a sentir con la llegada de la madurez. Porque ser niño, como le dije a Daniela, es como tener un cuaderno en blanco. Entonces no lo cuidamos tanto, somos displicentes, escribimos con letra grande, de un solo lado de la hoja, dejamos espacios, y, cuando algo no nos gusta, la arrancamos y la tiramos. Pero a medida que los años pasan empezamos a escribir con letra cada vez más chica, más apretada, sobre los márgenes, pretendiendo extender el cuaderno –la vida–, un poco más.

Cuando somos niños cada instante es una posibilidad. Podemos tomar muchos caminos diferentes. Ser músicos, comerciantes, científicos o deportistas. Pero el tiempo hace que esas posibilidades sean cada vez menores. Entonces, es probable que se embellezca el recuerdo del niño que fuimos alguna vez.

Eso ocurría con Daniela. Su matrimonio fallido, lleno de traiciones y dolor, el sueño de maternidad que no pudo concretar y el distanciamiento de su hermana Lourdes, a quien tanto amaba, hacían que su presente fuera triste y solitario. La muerte inesperada de su padre fue el golpe que la llevó a buscar con desesperación algún momento en que hubiera sido feliz, y la infancia le dio la oportunidad de hacerlo al costo de modificar recuerdos y negar episodios dolorosos. De esa manera, Daniela construyó en su mente una felicidad engañosa. Pero, ¿no será que toda felicidad es, en alguna medida, una felicidad engañosa, una felicidad resignificada?

Quizás la felicidad no es algo que pueda sentirse sino algo que se deduce, que se añora. A lo mejor es necesaria una distancia para reconocer que allá lejos, en aquellas vivencias pasadas, hubo soplos de felicidad que no vimos. Tal vez no sea fácil discernir cuando estamos siendo felices. Excepto en los escasos momentos de fulgor, de espasmo, donde se abraza un instante que sabemos único e inesperado. Un instante que puede estar en un cuadro, un beso, una melodía o un gol.

No recuerdo mi vida sin música.

Cuando era chico, desde los seis o siete años, tuve que enfrentar una tarea que aún hoy me desagrada: hacer mandados. Mi madre me mandaba al almacén no menos de cuatro o cinco veces al día. Eran tiempos diferentes. Los chicos podíamos andar solos por la vereda y los vecinos, que eran casi de la familia, se encargaban de cuidarnos sin que nos diéramos cuenta. Recuerdo que cuando llegaba a la ferretería que estaba en la esquina le pedía a su dueño, Don Roque, que me indicara el momento en que debía cruzar la calle. El hombre, siempre afectuoso, salía de su negocio, miraba hacia ambos lados y me decía cuándo podía atravesar la frontera de la calle Ercilla. El tan temido almacén estaba justo del otro lado de ese abismo. Allí empezaba el tormento.

El almacén del Tano era un lugar amable pero concurrido, y esa cercanía afectiva hacía que los vecinos demoraran una eternidad en el negocio. La simple compra de tres o cuatro cosas amenizada por las anécdotas, bromas y comentarios podía tardar treinta o cuarenta minutos y bastaba con tres clientes adelante para que mi mañana se fuera en el cumplimiento de aquel trámite. Hasta que una tarde, mientras iba hacia el almacén por tercera vez en el día, ocurrió el milagro. De la ventana de una casa que estaba a pocos metros de la esquina surgió una melodía. Me detuve. No tenía edad ni conocimiento para reconocer lo que escuchaba, pero supe de inmediato que estaba frente a algo sublime. A partir de ese día, ir hasta la esquina se transformó en el motivo más importante de mi vida. Caminaba los pocos metros que la separaban de mi casa y me sentaba en la vereda justo debajo de aquella ventana. Nadie comprendía por qué elegía ese lugar para hacer la tarea o simplemente para dejar pasar el tiempo. No sabían que en verdad iba a esperar que se repitiera el milagro. Y un día el milagro volvió a ocurrir.

No sé cuánto tiempo pasó. Días, semanas o meses. El tiempo es extraño, sobre todo cuando somos chicos. Lo cierto es que la melodía sagrada apareció de nuevo y, sin saber por qué, me puse a llorar. Me quedé estático hasta que la canción terminó. Debía volver a casa, pero un pensamiento me detuvo. No podía depender de la suerte. No otra vez. Tenía que saber cuál era el tema que tanto me conmovía. Como mi altura todavía no me permitía llegar al timbre, golpeé la puerta con decisión. A los pocos segundos se asomó "El Colo". Era unos años mayor que yo. No sé cuántos. Con vergüenza le pedí que me dijera qué estaba escuchando. Mi pregunta debió sorprenderlo, porque me respondió con mucha ternura. Agradecí y salí corriendo. No pude memorizar el nombre que me había dicho. Pocos días después, al llegar del colegio, mi mamá me señaló un vinilo que estaba sobre la mesa. Le pregunté qué era.

—No sé —respondió—, te lo dejó esta mañana "El Colo". ¿En qué andás? —me cuestionó mirándome a los ojos. Levanté los hombros sin saber qué responder–. ¡A ver de qué se trata!

Fue hasta el tocadiscos, puso el vinilo y la magia surgió de los parlantes. Ahí estaba mi melodía. La celestial, la sublime. Y la tenía en mi casa.

Entonces supe que era el "Adagio" de Tomaso Albinoni.

Me senté en silencio al lado del aparato.

–No era broma –dijo–. De verdad te gusta la música.

Semanas después mi padre volvió del trabajo con la guitarra usada envuelta en papel madera. La tomé en las manos incrédulo y leí la marca en el fondo: "Tranquera". A los tres días, con ese instrumento que era más grande que yo, comencé a estudiar.

Nunca le di las gracias a aquel chico que cambió mi vida. No recuerdo su nombre. Ojalá se lleve por delante estas páginas y sepa que su gesto le acercó a mi infancia un destello de felicidad. Y me cambió la vida.

* * *

Por lo general la conciencia de estar siendo feliz se nos escapa. El presente es tan dinámico, tan instantáneo que cuesta comprender aquello que estamos sintiendo. Quizás por eso sea más frecuente buscar la felicidad en el pasado o proyectarla hacia el futuro.

Hay algo en esta mirada que me preocupa. De algún modo es como reconocer que la felicidad no existe. Si no es aquí y ahora, ¿qué importancia tiene? ¿Sirve de algo darse cuenta a los sesenta años que a los diez fuimos felices? A lo mejor, sí. Tal vez le da un sentido a nuestra historia. Nadie desea que su vida haya sido en vano. Por eso, encontrar un sentido en la infancia, la juventud o, en el pasado mismo, puede ser importante. Queremos darle dramatismo a nuestra vida. Para un extremo o el otro: dicha o tragedia. Y sin darnos cuenta modificamos los recuerdos para sentir, para contar incluso, que hemos sido muy felices o desdichados en extremo. Así, con la ilusión de no haber vivido en vano, algunas personas agregan a su infancia una felicidad que en su momento no estuvo o un exceso de dramatismo que tampoco existió.

Hemos manifestado la hipótesis de que es posible que la felicidad no exista. Y justamente eso era lo que sostenía Arthur Schopenhauer, un pensador tan admirado como temido. El filósofo alemán cuyo padre se suicidó arrojándose del techo de su casa y al que su madre echó del hogar cuando era todavía un adolescente.

Con un pesimismo que aterra, escribió:

> *Nos asemejamos a corderos que juegan en el pra-*
> *do mientras el matarife selecciona con la mirada*
> *uno y otro de ellos: pues en nuestros días buenos*
> *no sabemos qué perjuicio nos prepara justo aho-*

ra el destino –enfermedad, persecución, pobreza, mutilación, ceguera, locura, muerte, etc. [...]

La historia nos muestra la vida de los pueblos y no encuentra sino guerras y rebeliones que contar: los años de paz aparecen de vez en cuando sólo como breves pausas, entreactos. Y también la vida del individuo es una constante lucha, no simplemente en un sentido metafórico, con la necesidad y el aburrimiento, sino también en un sentido real con los demás. Por todas partes encuentra un adversario, vive en constante lucha y muere con las armas en la mano. Al tormento de nuestra existencia contribuye no poco el hecho de que el tiempo nos apremia, no nos deja respirar y está detrás de cada uno como un maestro de disciplina con el látigo. Sólo perdona a los que se han entregado al tedio.

Schopenhauer pensaba que la vida de toda persona es apenas un péndulo que oscila del dolor al aburrimiento. Dolor, cuando no se tiene lo que se desea; aburrimiento, cuando conseguimos lo anhelado.

Al decir que lo único percibido es el dolor, que la felicidad es muchas veces indetectable, la mirada de Schopenhauer es un correlato de la primera idea que hemos planteado acerca de "la felicidad invisible", de lo difícil que es comprender cuándo se está siendo feliz.

Nuestra sensibilidad para el dolor es casi infinita, la que se refiere al placer tiene estrechos límites. [...] En cambio, todo lo que se opone a nuestra voluntad, la contraría y se le resiste; es decir, todo lo desagradable y doloroso lo sentimos de forma inmediata, enseguida y con gran claridad. Así como no sentimos la salud de todo nuestro cuerpo sino sólo el punto donde nos aprieta el zapato, tampoco pensamos en todos nuestros asuntos que marchan perfectamente bien sino en alguna pequeñez insignificante que nos disgusta.

Comparto esa idea. La felicidad es difícil de detectar porque se esconde en detalles que a veces no podemos percibir. Tal vez Daniela no estaba tan equivocada. Quizás el recuerdo sea un hecho artístico que nos permite mejorar la realidad. O destrozarla.

* * *

Se cuenta de la existencia de un cuadro del pintor veronés Girolamo dai Libri que estaba destinado a un altar. Se trataba de un paisaje en el que había un árbol pintado de manera tan verosímil que las golondrinas que anidaban en la iglesia intentaban posarse sobre sus ramas y chocaban contra la pintura una y otra vez.

Pero existe una historia todavía más interesante.

A comienzos del siglo V a. C. vivía en Atenas el famoso pintor Zeuxis, a quien un día se le ocurrió pintar unos racimos de uvas. Orgulloso de su obra, invitó a su colega Parrasio para que viera el cuadro. Éste, de antemano celoso, fue al taller de Zeuxis y, aunque de modo un poco displicente, tuvo que admitir la estupenda calidad de las uvas pintadas. Al escuchar sus palabras, Zeuxis se levantó para abrir la puerta y en el acto entraron desde la calle unos gorriones, que a pequeños saltos llegaron hasta el fondo del taller, donde descubrieron el cuadro de las uvas. En ese mismo instante dejaron de saltar y levantaron vuelo para posarse sobre las supuestas frutas y la picotearon.

Zeuxis estaba radiante de alegría al ver el asombro de Parrasio, quien sólo a partir de aquel hecho empezó a valorar la obra.

Cuando ya se había repuesto de la impresión, Parrasio pensó que, después de todo, engañar a los pájaros no era gran cosa y que en ningún momento las uvas pintadas lo habían inducido a él mismo a servirse.

Al tiempo pidió a Zeuxis que lo visitara. El invitado fue preparado para recibir una buena sorpresa y decidido a no dejarse engañar.

Parrasio lo trató con mucha amabilidad. Se mostraba de muy buen humor y fingía haber pensado sólo en tener una amena conversación con su colega. Pero Zeuxis apenas escuchaba lo que su anfitrión decía y contestaba con parquedad, hasta que en un momento no pudo dominar más su impaciencia y preguntó sin inhibición alguna si el dueño de casa no tendría alguna obra nueva para mostrarle. Parrasio dijo que sí. El nuevo cuadro, admitió, estaba colgado allí, en el fondo de la pieza, tapado por una cortina, e invitó a Zeuxis a que se acercara para descubrirlo.

Zeuxis se acercó a la pared trasera y extendió el brazo para correr la cortina, pero no pudo. De inmediato volvió a manotearla, pero fue en vano. La cortina no existía, estaba pintada. Abatido, reconoció su derrota. Parrasio había engañado a un artista, y no sólo a un par de gorriones.

Algo parecido intentan hacer quienes pincelan sus infancias buscando construir ayeres de perfección y felicidad. Algunos lo consiguen y de ese modo picotean uvas inexistentes y abren cortinas mentirosas siendo, a la vez, el pintor y el engañado. Todo ser humano quiere creer que en algún momento su vida ha tenido un sentido. Entonces se lanza a esa búsqueda, y la infancia presenta algunos territorios de ingenuidad que favorecen la posibilidad de esos encuentros.

El desconocimiento de la muerte, por ejemplo. Aunque esa ignorancia dura poco. Ya a los tres o cuatro años los niños comienzan a inquietarse por el tema y a intuir que la vida esconde algo fatal. Lo perciben, y a la vez lo niegan. Se trata de un mecanismo psíquico llamado "renegación" que consiste en afirmar y negar un juicio al mismo tiempo. Lo vemos en esas personas que cuentan que se han hecho adivinar su suerte, aunque aseveran que no creen en esas cosas. La mejor muestra de este mecanismo la encontramos en un dicho popular: "Las brujas no existen, pero que las hay, las hay".

Sin embargo, las circunstancias de la vida indican que, por más que se intente negarlo, la muerte existe. La pérdida de una mascota basta para que se sienta el impacto, y aparece la pregunta: "Mamá, ¿vos también te vas a morir?". Una pregunta que esconde otra todavía más potente: "¿Yo también me voy a morir?". En esa vocesita asustada se distingue la angustia y la felicidad empieza a resquebrajarse. La seguridad que brindaban los padres tambalea y nada vuelve a ser como antes.

Alguna vez he dicho que no se puede ser feliz sino al precio de una cierta ignorancia. A esto me refería.

La niñez es un lugar donde las ilusiones son posibles, donde hay tres reyes magos que viajan en camello nada más que para traer un regalo si es que nos hemos portado bien. Un tiempo en que hay espacio para creer que alguien juzga nuestros actos y ser bueno trae aparejada una recompensa. Creencias que hacen de la infancia un ámbito capaz de alojar una felicidad luminosa que se va perdiendo a medida que caen esas ilusiones. El mundo deja de ser un lugar mágico, Papá Noel ya no existe, el universo no es perfecto, ni la vida es justa.

Así y todo, la niñez no es un lugar –un tiempo– tan perfecto ni tan feliz como parece, no deja de estar está atravesada por dificultades, miedos, enojos y celos.

* * *

Desde hace un tiempo la infancia y yo hemos vuelto a conectarnos. Se lo debo a Zoe, mi nieta. Todos los jueves tenemos nuestro encuentro personal. Paso a buscarla temprano y vamos a desayunar. Ella toma un jugo de naranjas y come un sándwich de queso. Siempre lo mismo. Los chicos encuentran en las repeticiones un lugar de disfrute. Por eso intentamos sentarnos cada semana a la misma mesa. Ella sabe cuál es su lugar y cuál el mío. En un momento me pide que veamos una película. Película que, por supuesto, ha visto muchas veces. Y hablamos. En su lengua me cuenta la trama, quién es el bueno y quién el malo, qué cosas van a ocurrir y de esa manera compartimos horas mientras me emociono y, de un modo secreto, intento hacerme querer para habitar en su memoria.

Luego del desayuno la llevo hasta el jardín en brazos y le canto durante el camino. Suele dormirse mientras entona algunas notas largas al final de cada verso. Al llegar la dejo con sus maestras. Ahora es una despedida tranquila, pero al comienzo, cuando todavía estaba en proceso de adaptación, cada vez que la dejaba, me rogaba: "¡No, abu, no!", y hacía gestos con las manos pidiendo que volviera a alzarla. Zoe tenía miedo. Se sentía desolada. Es comprensible. Después de todo se quedaba sola en un mundo lleno de desconocidos. A sabiendas de que esas despedidas deben ser breves me iba de inmediato con el recuerdo de su carita angustiada. Si pudiéramos captar ese momento, la fotografía mostraría uno de los muchos instantes aterrorizados que recorren la niñez.

El "cachorro humano" descubre muy pronto que habita un lugar amenazante y es incapaz de vivir solo. Aunque queramos guardar la percepción de sus risas y juegos, debemos reconocer que la angustia, el miedo y la tensión forman parte de sus emociones corrientes. Por eso, la premisa de que la felicidad está en la infancia es al menos dudosa. Sin embargo, el pasado es un tiempo al que todo ser humano regresa cada tanto.

* * *

En los comienzos de mi carrera trabajaba en un geriátrico y muchas veces al preguntar a quienes vivían allí cómo se encontraban, obtenía la misma respuesta: viviendo de los recuerdos. Y era así. Lo notaba en cada conversación. Volvían a ellos de manera constante, como si fuera el único recurso para recuperar un poco de felicidad. Pero, ¿por qué? ¿Qué busca ese retorno? ¿Dónde queremos volver en realidad?

La respuesta es dura: todo ser humano busca regresar a un lugar siniestro.

En Psicoanálisis suele hablarse de los dos mecanismos que rigen el funcionamiento psíquico: "principio de placer" y "principio de realidad". Pero al plantear esto se excluye un tercer mecanismo al que Freud denominó "principio de nirvana".

Veamos en qué consiste cada uno.

Arrojada al mundo, la psiquis reacciona ante los estímulos que recibe. Estímulos que generan distintos grados de tensión. El "principio de placer" intenta mantener esa tensión en un nivel que resulte soportable. Cuando la tensión sube demasiado, la reduce, y cuando baja en exceso, procura aumentarla, porque un nivel demasiado bajo produce un estado de desgano, falta de deseo y depresión. Por el contrario, si la tensión se extralimita aparece una sensación desagradable a la que solemos denominar ansiedad. Cuando esto ocurre, el aparato psíquico busca alguna forma de descargar esa tensión excedente, y entonces asoman, por ejemplo, el enojo, el grito, el llanto o la pelea.

"El principio de realidad" le impone un coto a la tendencia de descarga automática que guía al "principio de placer".

Supongamos que una persona se molesta con su jefe. Se siente enojada y querría insultarlo o revolear lo que tiene sobre el escritorio, pero la realidad le indica que necesita el empleo y que, si hiciera eso, seguramente sería despedida. Entonces, debe resistir la tentación de la descarga automática y encontrar un modo diferente de resolver el conflicto psíquico. Es decir que "el principio de realidad" aporta la posibilidad de mediatizar, de poner algo entre el estímulo y la respuesta. El empleado furioso puede, tal vez, ir a la cocina, prepararse un café, comentar con algún compañero lo que ha pasado y de ese modo ir disminuyendo su ansiedad. Quizás hasta pueda solicitar una reunión para aclarar la situación con su jefe y exponer sus argumentos.

Si no fuera por el "principio de realidad" la vida estaría plagada de agresión, rupturas y estados depresivos. Cada vez que alguien se contiene para no discutir con su pareja, pelear con un hijo o un amigo está bajo el dominio del "principio de realidad".

Pero también existe el "principio de nirvana", que consiste en la tendencia a reducir la tensión a cero y, de esa manera, vaciar de ansiedad al aparato psíquico. Esto implicaría volver a un estado inerte anterior a la vida, regresar a la nada, es decir, a la muerte misma. Es lo que encuentra el suicida que ha renunciado a vivir y se entrega de manera plena a satisfacer su pulsión de muerte. Este es el retorno tan temido. Una pulsión que recorre a todo ser humano.

¿Por qué se lo llama "principio de nirvana"?

Los orientales anhelaban llegar al nirvana, ese estado donde alguien se ha liberado de todos sus deseos, es uno con el universo y nada lo perturba. Ya no hay bien ni mal y no importa si alguien nace, vive o muere. En definitiva, el nirvana es un estado donde cualquier cosa que ocurra es considerada parte de un orden universal perfecto. Sin embargo, esto que en Oriente se supone como el fin último de la evolución espiritual, para nosotros puede ser el infierno mismo. Porque a nosotros sí nos importa si alguien que amamos vive o muere, si nos quiere o no. Es cierto que el deseo genera un grado de tensión, de dolor y de esfuerzo, pero es el costo que impone la pulsión de vida para enfrentar a la pulsión de muerte, esa búsqueda afanosa y destructiva que recorre a toda persona desde el mismo instante en que llega al mundo.

Más allá o más acá del principio de nirvana, ¿no existe también la tentación de volver, al menos de la mano del recuerdo, a territorios de infancia, en especial cuando ha sido dichosa?

Pienso en aquellas mujeres que vivían en el geriátrico donde trabajé cuando era joven. Ahí aprendí mucho sobre la soledad y el desafío de transitar la vida cuando resta poco futuro. Entonces, con casi nada que esperar, sólo les quedaba el deseo de haber tenido una buena vida.

Por lo general concebimos la esperanza como un ansia que apunta al futuro. En aquel hogar descubrí que no siempre es así. Que también existe una esperanza que mira al pasado. Aquellas mujeres miraban su historia con la esperanza de haber sido felices. Se aferraban a sus recuerdos y volvían a ellos una y otra vez. ¿Qué buscaban en ese retorno ilusorio?

No puedo evitar que vengan a mi pensamiento los versos de Fernando Pessoa: *El tiempo en que festejaba mi cumpleaños yo era feliz y nadie estaba muerto.* Esa frase ubica la felicidad en ese territorio donde nadie ha muerto todavía. Territorio al que quisiéramos volver, aunque sea por un momento.

Claro que no hace falta ser un anciano para mirar atrás. Todos añoramos aquellos tiempos en los que ocurrieron cosas mágicas, y solemos visitar recuerdos que nos encargamos de embellecer. La convocatoria nostálgica a una reunión de egresados no es más que un grupo de desconocidos que se reencuentran para recordar lo felices que fueron cuando tenían diecisiete. ¿De verdad eran tan felices?

De cualquier modo, siempre se busca en el pasado, casi con desesperación, una señal de no haber vivido en vano. ¿Significó algo que pisáramos esta vida o nos iremos de ella sin pena ni gloria?

Recuerdo un programa televisivo de cierre de ciclo, en tiempos de Navidad. Lo conducía Alejandro Dolina. Asisto impresionado a lo que allí se dijo.

Dolina, Horacio Ferrer y Antonio Carrizo comparten una mesa.

Hablan del futuro, de la costumbre de desearnos felicidad para el próximo año. En determinado momento se produce el siguiente diálogo:

Dolina (a Ferrer): *Usted que es un hombre de palabra y de retórica, usted que sabe de metáforas, metonimias, hipálajes y "oximorones"* (risas) *sabe que hay un género de despedidas, un género rico en hipérboles, propicio al brindis...*

Ferrer: *Así es. Ha hablado usted de las últimas cosas, de las últimas instancias. Pero todo ello es inherente al ser humano. Sólo el ser humano tiene noción del tiempo, tiene pasado, tiene presente y –posiblemente– tiene futuro. Para la rosa, para el león y para el zafiro no hay últimas veces. De suerte que el futuro es eminentemente humano. El futuro es tan antiguo como el hombre. Este fin de año es el que apetecimos, el que esperamos y el que nos llenó de expectativas hace trescientos y pico de días. Ahora volvemos a llenarnos de expectativas, de esperas, de sueños. Tengamos cuidado porque el futuro suele ser un viejo mentiroso.*

Dolina: *Sí. Yo ya aprendí a desconfiar del porvenir, le garanto. Y usted* (a Carrizo) *¿por qué no brinda? Usted es un profesional.*

Carrizo: *A mí me parece que ustedes inspiran la necesidad de un brindis por un feliz 1990.*

Dolina: *¿Cómo 1990?*

(El año 1990 era precisamente el que estaba terminando)

Carrizo: *Claro, un 1990 que nos cargue de buena memoria y de buenos recuerdos en el espíritu y en el corazón. Brindo por lo que hemos vivido y por lo que vale la pena recordar.*

Dolina: *Está bien. Les deseamos entonces un feliz pasado.*

No es una mala idea desearnos un "feliz pasado". Al fin y al cabo, allí está lo que nos constituye. Tal vez por eso, cuando se es muy grande, como las mujeres del geriátrico en el que trabajaba, cuando ya la planificación parece no tener ningún sentido, lo que resta es desear haber tenido una buena vida. Como recomendaba Antonio Carrizo, un "feliz año pasado". Un lugar lleno de lindos recuerdos.

Joan Manuel Serrat compuso una canción llamada "Mi niñez".

*Tenía diez años y un gato
peludo, funámbulo y necio
que me esperaba en los alambres del patio
a la vuelta del colegio.*

*Tenía un balcón con albahaca
y un ejército de botones
y un tren con vagones de lata
roto entre dos estaciones.*

Es una descripción que conmueve. Aunque el protagonista tuviera cosas tan simples e imperfectas. No había soldaditos de plomo sino botones y el tren con que jugaba estaba roto. Entonces, ¿qué hace de aquel pasado un rincón feliz? Sigamos adelante.

Tenía un cielo azul y un jardín de adoquines
Y una historia a quemar temblándome en la piel.

El cielo azul y el jardín de adoquines son parte de una geografía habitual, pero la frase siguiente marca un quiebre. El autor confiesa que en aquella época tenía una historia a quemar temblándole en la piel, y ese sí es un punto trascendente. El cuaderno en blanco. Tanto por vivir, por amar o, ¿por qué no?, por sufrir. Después de todo, quien no sufre no ama, y quien no ama no vive.

Mientras escribo esto, recuerdo que ayer mismo almorcé con el doctor Nasio.

Desde hace tiempo nos une una amistad que me conmueve. Durante años me formé leyendo sus libros. La vida quiso relacionarnos y cada vez que visita la Argentina compartimos un encuentro.

Durante el almuerzo, Juan David me contó que hace un tiempo visitó un cementerio en Bretaña. Para algunas personas, me incluyo entre ellas, los cementerios distan mucho de ser desagradables. Suelo recorrer alguno cada tanto. No busco respuestas. Sólo

LA FELICIDAD

contemplo lo inevitable. Aunque el relato de Nasio me impresionó.

Según me dijo, caminaba tranquilo cuando de golpe dio con una tumba blanca, muy pequeña, que tenía una inscripción en letras doradas que decía:

Soy un niño. He muerto a los dieciocho meses. Jamás conoceré la vida. No sabré lo que es el amor ni el dolor.

La conmoción fue tal que no recuerdo nada más. Ambos estábamos emocionados. No se trataba de la vida anticipando la muerte. Por el contrario: era la muerte hablándole a la vida. La muerte añorando los dolores que nunca podrá sufrir. Las historias a quemar que nunca temblarán en su piel. La muerte injusta deseando la vida injusta.

Volviendo, al final de una de las estrofas Serrat dice: *creo que entonces era feliz.*

Joan Manuel Serrat, el artista, el adulto, mira su pasado con la intuición de haber sido feliz. No la certeza, pero al menos la sospecha de que hubo un tiempo en que hasta las cosas más sencillas, un gato y un empedrado, un tren roto y una historia a quemar daban sentido a su vida.

Sobre el final otro verso introduce una pregunta que perturba: *¿Y dónde... dónde fue mi niñez?*

Algo parecido se pregunta Cátulo Castillo en el tango "Tinta roja":

¿Dónde estará mi arrabal?
¿Quién se robó mi niñez?

Preguntas desoladas que, sin embargo, tienen respuesta.

El arrabal está en la memoria, y a la niñez siempre se la roba el tiempo. El arcano más cruel, el que no perdona.

Vuelvo sobre los versos de Serrat y percibo la repetición permanente de una palabra: "tenía". Y comprendo el porqué de tanto amor por su niñez, después de todo es el mismo autor que dijo que no hay nada más amado que lo que se ha perdido.

Al nombrar a Alejandro Dolina, algo que siempre ocurre en mis libros, recordé que uno de sus escritos, "La refutación del regreso", se ocupa de este intento por sostener con vida lo que ya no está. Pero no apunta sólo al recuerdo. Con su estilo poético y su manera encendida de percibir el mundo, "los hombres sensibles de Flores", los protagonistas de muchas aventuras dolinescas, no se conformaban con regresos memoriosos, sino que anhelaban un retorno pleno y total. Cito:

No hay sueño más grande en la vida que el Sueño del Regreso. El mejor camino es el camino de vuelta, que es también el camino imposible. Los Hombres Sensibles de Flores, en sus nocturnas recorridas por las calles del barrio, planeaban volver.

Volver a cualquier parte.

A la adolescencia, para reencontrarse con los amores viejos.

A la infancia, para recobrar las bolitas perdidas.

A la primera novia, para jurarle que no ha sido olvidada.

A la escuela, para sentir ese olor a sudor y tiza que no se encuentra en ninguna otra parte.

Volver fue para ellos la aventura prohibida. Cada noche soñaban con patios queridos y cariños ausentes. Y cada mañana despertaban llorando desengañados y revolvían la cama para ver si algún pedazo de sueño se había quedado enganchado entre las cobijas.

En ese ensayo que denuncia la imposibilidad del regreso se cuenta que el ruso Salzman, legendario jugador de dados, gastó una fortuna que había ganado en el casino de Mar del Plata para comprar la casa de su infancia.

Una vez instalado, comprendió que la inversión había sido inútil.

—He recuperado mi casa —dijo—. Pero la infancia, no.

Tenía razón.

No hay ayeres a los que regresar. No hay otros paraísos que los paraísos perdidos, escribió Borges. El pasado es irrecuperable, pero no irrepetible.

* * *

Hablábamos antes del Nirvana, de ese estado donde ya no hay ningún deseo, y dijimos que era la muerte misma porque el ser humano siempre requiere de un deseo que lo movilice y dé sentido a su vida. Pero, ¿cómo surge ese deseo?

En el comienzo de su obra, Sigmund Freud plantea un concepto que define una experiencia que puede acercarnos a responder esa pregunta.

2. VIVENCIA PRIMARIA DE SATISFACCIÓN

Según algunas fuentes, el adjetivo "feliz" se origina en el latín *felix*, asociado a fértil, que en su base indoeuropea se asocia con succionar, mamar. Es posible entonces que, en un comienzo, tanto el adjetivo feliz como el sustantivo felicidad estuvieran asociados a la procreación, el nacimiento y el acto de amamantar.

Tomemos la "armonía" que nos sugiere esta etimología para explicar en qué consiste la Vivencia Primaria de Satisfacción.

Se trata de un concepto que alude a una experiencia mítica, es decir, no comprobable sino supuesta.

Recorramos la idea.

Durante el tiempo de su gestación el cachorro humano va desarrollándose en un mundo intrauterino en el que todas las exigencias que debe afrontar (alimentarse o respirar, por ejemplo) se realizan gracias al vínculo de dependencia biológica que tiene con su madre. Cuando llega el momento de nacer es arrancado de ese estado en que la satisfacción de sus necesidades era inmediata.

Escribió Hermann Hesse que *todo el que quiere nacer debe antes destruir un mundo*, y eso ocurre con el bebé.

Exiliado del mundo perfecto en que ha crecido ingresa a un universo nuevo donde todo es diferente, donde las viejas reglas ya no funcionan, donde incluso el simple acto de respirar debe ser aprendido.

Sin poder contar con la simbiosis que tenía con su madre, en algún momento el bebé comenzará a sentir una molestia desconocida que le provoca una ansiedad que va en aumento. Una ansiedad insoportable que requiere alguna forma de descarga, y el bebé lo hace con la única herramienta que tiene: el llanto.

Aquí comienza el mito. La construcción que Freud realiza para explicar qué ocurre en ese momento crucial de la vida de todo sujeto humano.

Y ya que se trata de un mito, contémoslo así:

Había una vez un chico que llegó a un mundo extraño donde nada era como lo conocía. De pronto comenzó a sentirse mal. Algo le pasaba, pero no sabía qué. ¿Qué eran esas sensaciones nuevas tan desagradables? ¿Cómo podía librarse de ellas? No tenía la respuesta, pero debía encontrarla. Imposibilitado de soportar más, se sorprendió al escuchar un sonido agudo y fuerte. Tal vez ni siquiera percibía que él mismo lo había generado. No supo por qué lo había hecho. No fue en busca de ninguna respuesta. Se trataba sólo de un acto reflejo. El intento de eliminar esa tensión que experimentaba con tanto displacer. Sin embargo, ese primer sonido que lanzó a la vida, ese grito primal fue escuchado por alguien, posiblemente su madre, quien interpretó en aquel llanto un llamado. Se equivocaba. Era sólo una descarga de ansiedad, porque ese bebé todavía no sabía que debía pedir ayuda para vivir. De todos modos, ella acudió y le dio a ese grito el sentido de un llamado, una demanda de amor. Se acercó, lo miró y codificó ese llanto: "tiene hambre". Lo tomó en sus brazos con ternura, lo llevó hasta su pecho y lo amamantó. Y allí se produjo un encuentro inesperado. Porque ese bebé que no sabía qué le pasaba ni cómo calmar su displacer encontró una respuesta: "Esto que me pasa se calma con algo que viene de afuera. Y para que 'eso' venga, debo llamarlo".

En aquel instante irrepetible, con el simple acto de amamantarlo por primera vez, la madre lo ha introducido al universo humano y le ha transmitido cuáles son sus reglas. A partir de ahora el bebé sabe que habita un lugar donde su vida depende de los demás, donde alguien debe darle lo que requiere para vivir y que, para que ese "Otro" venga a asistirlo, él debe ser parte del mundo del lenguaje.

Freud denomina a ese instante "Vivencia Primaria de Satisfacción".

¿Por qué ese nombre?

Primaria, porque es mítica. En Psicoanálisis todo lo que es primario, es mítico. Así, conceptos como narcisismo primario o represión primaria son construcciones lógicas que sostienen la teoría. Como dijimos, son hechos deducibles y no demostrables. Y "vivencia de satisfacción" porque se trata del único momento en la vida donde un ser humano encuentra un objeto que se adecua a su necesidad. Porque esa vivencia ha dejado un recuerdo (huella mnémica) y la próxima vez que el bebé tenga hambre irá a buscar ese recuerdo. Entonces, en lugar de encontrar una satisfacción real, encontrará una satisfacción alucinatoria. Imaginará la teta y sus labios se moverán en el vacío. De ahí el chupeteo, los labios que se besan a sí mismos. Porque el bebé está recordando, alucinando aquel encuentro primario. Es decir, apunta a aquello que lo calmó, pero en lugar del "objeto real" encuentra el recuerdo.

Cuando vuelva a llorar, es seguro que la madre acudirá otra vez, pero el bebé ya no es ingenuo. Ya no hay sorpresa, ya está esperando. Y cuando eso ocurre, el placer esperado es siempre menor al placer alcanzado. Esa diferencia –a veces muy acotada, a veces no tanto– entre lo que se espera y lo que se encuentra genera un espacio de vacío que da origen al deseo.

El deseo parte de ese vacío y nos empuja a ir en busca de algo que nunca alcanzaremos. A partir de esa vivencia, todo deseo que tengamos en la vida intentará reencontrar aquel momento mítico en que la necesidad halló el objeto que la calmaba. Esa es la búsqueda de todo ser humano hasta el último de sus días. No importa el cariz que tome. Por eso, aunque alcancemos lo que creemos desear, enamorarnos, recibirnos, tener un buen trabajo o una hermosa familia, jamás nos sentiremos completos y nos recorrerá la sensación de estar en falta porque nunca podremos reencontrar aquella Vivencia Primaria de Satisfacción. ¿Por qué? Porque ese objeto ya no está. Porque ahora habitamos en el mundo del lenguaje y la necesidad se ha perdido para siempre.

¿Qué dice Lacan al respecto?

Recordemos que Freud y Lacan tuvieron intereses diferentes.

Freud quería que el Psicoanálisis fuera comprendido y aceptado por la comunidad científica de la época. Movido por ese deseo y apoyado en su talento literario –obtuvo el premio Goethe por su escritura– trasmitió su teoría con una enorme claridad. Lacan, en cambio, encontró un Psicoanálisis degradado. Los posfreudianos habían transformado la clínica de lo Inconsciente y las pulsiones en una terapia de fortalecimiento de la personalidad. La potencia de los conceptos tendía a diluirse y Lacan presentó su batalla avanzando por una

71

dirección inversa a la de Freud. Dio a sus desarrollos un lenguaje científico con postulados de la lingüística, la antropología y la matemática. Aparecieron sus esquemas, grafos y nudos topológicos. Al contrario de Freud, buscó que lo entendieran muy pocos, sólo aquellos que estaban dispuestos a retornar al universo complejo de la teoría del Inconsciente y la pulsión de muerte. De ahí que sea un autor difícil de comprender. Un autor que se tomó el trabajo de reformular en un lenguaje diferente cada uno de los conceptos fundamentales del Psicoanálisis.

En cuanto a la vivencia de satisfacción, Lacan supone la existencia de un ser mítico al que nombra con una letra griega: Δ (delta).

Veamos el esfuerzo que hace por conceptualizar de modo puramente lógico la teoría analítica. Un esfuerzo que lo lleva a plantear que una mujer no va a parir un bebé sino un Δ.

Al nacer, cuando siente hambre, ese "Delta" que parte hacia la satisfacción de su necesidad se encuentra con la barrera del lenguaje y debe ser capaz de desplegar un mensaje al que técnicamente denominamos "demanda". Es el momento en que ubicamos el llanto. Esa demanda se dirige a otro. Alguien tan importante que Lacan lo escribe con mayúscula: Otro. Pero ese Otro interpretará de la demanda del Δ lo que quiera o pueda. Entonces, esa línea recta que iba del "Delta" al objeto de la necesidad se desvía al encontrarse con la interpretación del Otro, quien le devuelve un mensaje distinto. Por ejemplo: "lo que te pasa es que tenés hambre". Quizás el bebé tenía sueño o algún dolor, pero el Otro sancionó que al "Delta" le pasaba otra cosa y actuó considerando su propia interpretación.

Así, atravesado por el lenguaje y sometido a la interpretación de los Otros, el Δ se va construyendo en un sujeto humano: "ahora tenés hambre", "ahora tenés sueño", "ahora no te pasa nada, llorás porque sos caprichoso".

De esa manera, el Otro devuelve, interpreta, codifica, y Δ termina siendo lo que el Otro le dice que es. Porque a diferencia del bebé, el Δ no tiene identidad, nace sin un ser y deberá llenar esa falta en ser identificándose con lugares que el Otro le propone. Por eso decimos que el "Yo" se va construyendo a partir de identificaciones con las palabras de los Otros fundamentales. Los padres dicen: "es inquieto", "tiene mucho carácter", "es tímido", y el niño se coloca ahí. Es un lugar falso, pero es mejor que no tener ningún lugar donde ser.

Al nacer el Δ llora porque llora y aparece alguien que dice: "qué carácter fuerte tiene". Nació hace tres días y no tiene ningún carácter todavía, simplemente lloró. Pero las palabras van dejando su huella. A los seis meses, ante alguna reacción, la madre repite: "qué carácter fuerte tiene". A los cuatro años lo dejan en el jardín de infantes y le dicen a la maestra: "ténganle paciencia porque tiene mucho carácter", y a los cuarenta es una persona insoportable y la madre dirá: "desde que nació tuvo un carácter muy fuerte".

Y no es cierto, en absoluto.

Fueron los Otros quienes le ofrecieron ese sitio. Y el Δ, para llenar esa falta en ser, tomó esas palabras, se identificó con ellas y encontró un lugar. En este caso, un lugar desagradable. Aunque, repito, mejor a no tener ninguno.

La felicidad no escapa a esta lógica. "Nunca vas a ser feliz" o "nadie va a quererte", son frases que invitan a ocupar lugares de sufrimiento. Pero muchos se confunden al buscar solución a los dolores que generan esos mandatos. No es tan sencillo como ofrecer frases alentadoras al estilo de "sos una persona encantadora", "tenés que quererte un poco más" o "es imposible no amarte". Porque alguien identificado con ese discurso, cuando enfrente su primer desengaño, cuando le digan que no lo aman, se chocará con la distancia que hay entre quien creía ser y lo que ese rechazo le dice que es. Y si no se ha preparado para lidiar con esa diferencia que frustra, sufrirá mucho.

Demos un paso más.

La necesidad del Δ se pierde al encontrarse con el lenguaje y se transforma en una demanda, un pedido que se dirige a un Otro que decodificará a su manera y devolverá algo que no era lo que se esperaba. Porque la demanda no puede transmitirlo todo. Y eso que la demanda no logró comunicar deja una falta que da origen al deseo. Un deseo que será imposible de satisfacer, porque para alcanzarlo volveremos a demandar y otra vez habrá una pérdida. Y así será una y otra vez.

Los sujetos humanos somos seres que enfrentamos el desafío de lograr la felicidad a pesar de la falta estructural que nos recorre.

La Vivencia Primaria de Satisfacción no nos propone un punto al que se puede volver, pero genera el impulso de recuperar un momento perdido. La tendencia a una búsqueda, a un reencuentro. Un reencuentro imposible porque el objeto se perdió para siempre. El encuentro con ese objeto que nos calmó por primera vez cuando no esperábamos nada es sólo una quimera porque ese objeto ya no está.

Aquí yace su importancia.

En primer lugar, porque gracias a que el objeto de la vivencia primaria se ha perdido lo seguiremos buscando siempre. En un amor, en un proyecto, en un hijo y en cada anhelo que mueve nuestra vida. Así, ese objeto perdido dará sentido a nuestra vida, porque es el origen del deseo.

En segundo lugar, porque esa falta instala una pregunta: ¿habrá algún espacio para la felicidad en un ser que, por hablante, jamás encontrará lo que desea?

3. SIEMPRE SE VUELVE AL PRIMER AMOR

La idea de que la vivencia de satisfacción abre la posibilidad (imposible) de un reencuentro con un momento donde nos hemos sentido completos podría explicar la tendencia a buscar la felicidad en el pasado. De hecho, el retorno es uno de los temas más importantes de la literatura universal.

Ahí está Sartre y su frase célebre: *somos lo que hacemos con lo que hicieron de nosotros*. A la luz de lo antedicho podemos sostener que somos lo que hacemos con lo que nuestras identificaciones hicieron de nosotros. Esas identificaciones que dieron forma a nuestro "Yo". Las que nos permiten decir: yo soy. Aunque salte a la luz una verdad innegable: cuando decimos "yo soy", aludimos a algo que poco tiene que ver con lo que en verdad somos. Y ese es el grave error de la psicología del Yo: buscar a un sujeto allí donde sólo hay una serie de identificaciones con lo que otros desearon para él. Por el contrario, el Psicoanálisis intenta atravesar las barreras de esas identificaciones para encontrar el deseo que recorre y determina al paciente.

Parafraseando a Sartre, también somos lo que hacemos con lo que nuestros recuerdos hicieron de nosotros. Porque, aunque habitemos un mundo lleno de palabras de otros, pensar que nuestros recuerdos son ajenos sería un error. Si hay una reivindicación de los recuerdos, deberemos apropiarnos de ellos y decir, como Serrat: *creo que entonces era feliz.* O, ¿por qué no?, creo que entonces fui un cobarde. No siempre recordaremos hechos heroicos. De cualquier modo, es importante reconocerse en esos recuerdos. Incluso compararlos con aquellos seres que fuimos a lo largo del tiempo para preguntarnos con sinceridad quienes somos.

Muchos piensan que el Psicoanálisis se nutre del pasado. Lejos de eso, a veces y sólo a veces, el Psicoanálisis trabaja con la historia, que no es lo mismo. El pasado es un conjunto de hechos inmodificables que han ocurrido hace tiempo. La historia, en cambio, es dinámica. Es una suma de escenas que se modifican según donde ubiquemos la cámara y cómo dirijamos la luz. A diferencia del pasado, la historia puede ser otra a partir de la resignificación que se haga en el presente de lo vivido en el pasado. En el trabajo con mis pacientes pude comprobar cómo padres angelicales se transformaron en demonios y, a la inversa, cómo personas desvalorizadas se iban poniendo de pie a medida que el tratamiento avanzaba. Es una obviedad decir que el pasado influye en el presente. Sin embargo, no se trata de un camino que tiene una sola dirección. También el presente influye en el pasado. Lo cuestiona, le da un sentido y lo modifica.

* * *

En ciertos pueblos de China, los títulos de nobiliarios no se trasmitían por descendencia a través de las generaciones, sino que era al revés: los más jóvenes "hacían nobles" a sus mayores.

Así, no se era príncipe por ser hijo de un rey, sino que se era rey por ser padre de un príncipe. Me gusta mucho esa inversión. Esa idea de que sólo cuando un hijo actuaba con nobleza sus padres eran considerados como tales. Pienso que hay una relación parecida entre nuestros recuerdos y nosotros, de manera que nuestros recuerdos se vuelven valorables en la medida en que hayan dado origen a una persona de valor. De lo contrario serán recuerdos degradados y deberemos trabajar para cambiar y desprendernos de aquellos seres que hemos sido.

Algunos juegos de infancia permitían que en momentos excepcionales se utilizara una palabra: "pido". Cuando alguno de los participantes la pronunciaba el juego se interrumpía y era posible cambiar algunas reglas. El análisis tiene que ver con eso. Con la posibilidad de suspender la inercia para replantear algunas cosas. El analista interviene y cambia el rumbo de la sesión. Movido por la intervención, el paciente se detiene, mira hacia adentro y abre un espacio donde puede cuestionarse aquellos recuerdos que señalan una dirección sufriente. Aunque existen otros a los que cada tanto se vuelve en busca de consuelo.

* * *

Tenía trece años y cursaba el primer año de la secundaria. Para castellano nos habían dado una tarea que parecía titánica: leer el *Martín Fierro*. Un libro que es un largo poema y que, además, constaba de dos partes. Molesto, le comenté a Fanny, mi querida profesora particular, lo que ocurría. Ella se sentó a mi lado.

–¿Por qué estás tan enojado? –me cuestionó–. ¿Sabés de qué trata el *Martín Fierro*?

Respondí que no y ella, con su manera apasionada de narrar, comenzó a desplegar ante mí una historia de injusticia, heroísmo y bravura. A medida que avanzaba en el relato las imágenes pasaban por mi cabeza. Conocía el campo con su llanura extensa, sus tranqueras y alambrados. Había escuchado el canto de las calandrias y por las noches los gritos del chajá. Y sin darme cuenta comencé a caminar al lado de aquel gaucho solitario y triste. Hasta que Fanny interrumpió en la mitad del relato. Ansioso le pedí que siguiera.

–No –respondió–. Si querés saber cómo sigue, andá y leelo.

Aunque leía desde muy chico, aquella mujer derrumbó mis prejuicios y me abrió las puertas del placer de la lectura de los clásicos. Para mi siguiente clase de castellano ya había leído los dos tomos.

José Hernández murió de un infarto el 21 de octubre de 1886 mientras intentaba escribir unos versos de amor. Tenía 51 años. Trece años antes, en una humilde libreta de pulpería, había comenzado a escribir en verso, como lo hicieran Shakespeare y Dante, una historia gauchesca que se transformaría en la obra cumbre de la literatura argentina, la misma a la que Fanny me introdujo a mis trece años: *El gaucho Martín Fierro*.

Su protagonista es un hombre honesto, un peón de campo al que la desgracia transforma en prófugo y asesino. Pero hubo un tiempo en que todo era distinto. Un tiempo en que Martín Fierro era feliz en su rancho con la mujer que amaba y sus hijos. Hasta que una leva, un reclutamiento obligatorio, lo obligó a formar parte de las milicias que combatían contra "el indio" en la frontera. Luego de tres años de maltratos, de falta de pago y humillaciones, se convierte en desertor. Buscando esconderse de la ley que lo persigue, se exilia en las tolderías, en el refugio que le brindan los indígenas, sus antiguos enemigos. Pero aquella no era vida, y después de soportarla un tiempo, Martín Fierro decide retornar a su hogar.

Mas que iba a hallar al volver
tan sólo hallé la tapera.

Este es el punto. Fierro fue arrancado de la felicidad y en un intento desesperado por recuperarla volvió a su pago. Pero el retorno fue infructuoso porque tan sólo halló "la tapera".

Cuando era chico viví un tiempo en el campo. La falta de trabajo en la ciudad llevó a mi padre a aceptar trasladarse a una estancia para construir el casco en el que vivirían los dueños. Ahí escuché por primera vez esa palabra: tapera.

Fue en un atardecer.

La luz del sol comenzaba a ocultarse en el horizonte y los peones se habían reunido en una rueda de mate. Uno de ellos tocaba la guitarra y matizaba el silencio enorme de la pampa. Al rato, como solía ocurrir, se inició una conversación.

Algunas veces tuve la sensación de que aquellas charlas se parecían a las sesiones de análisis. Mucho silencio, escucha profunda y paciencia.

En aquella ocasión aparecieron algunos temas mágicos, de esos que atrapan a los chicos: la luz mala, el alma-mula (mujer transformada en mula por haber cometido incesto), la llorona.

Felipe Medina era un hombre de gran porte. Lo recuerdo por su voz cálida, su bigote finito, su risa contagiosa y además porque se llamaba igual que yo –mi segundo nombre es Felipe–. En un momento me sobresalté. En medio del relato que me tenía atrapado, Felipe me puso la mano en el hombro, me clavó la mirada y me advirtió:

–Nunca vayas solo a "la tapera".

Me asusté y asentí sin saber de qué hablaba.

Más tarde pregunté a mi padre sobre el tema. Él sonrió y me dijo que no debía creer en esas cosas. Que eran puras supersticiones. Insistí para saber qué era una tapera y me explicó que se denominaba así a los restos abandonados de alguna casa humilde. Y en aquel campo había una. Cerca de la laguna, oculta por los yuyos, se erguían dos paredes derruidas. Restos de lo que alguna vez había sido un hogar. Los antiguos habitantes de esa casa, seguramente peones de la estancia, no estaban desde hacía mucho tiempo. Quizás hubieran cambiado de trabajo, aunque tal vez habían muerto. Ese detalle agregaba dramatismo a la historia.

Como sea, a partir de ese día evité pasar por la zona donde sabía que estaba oculta "la tapera". Hasta que mi papá se percató de mi actitud y una tarde me acompañó a desentramar el misterio.

Mientras caminábamos hacia aquel sitio sentía en las sienes los latidos de mi corazón. Estaba con mi padre, a quien por entonces creía con el poder de protegerme de todo, y sin embargo estaba aterrado. Nos metimos en la laguna y la cruzamos con el agua que me llegaba a las rodillas. Después atravesamos una zona de juncos altos que no me permitían ver hacia adelante, y al salir por fin estuve frente a "la tapera". Eran apenas restos de dos paredes de barro. En un costado podía verse lo que había sido una ventana, unos vidrios rotos y algunos ladrillos que no llegaban a ser un muro. Mi papá se sentó sobre ellos y prendió un cigarrillo.

–Andá –me dijo–. Caminá. Dale unas vueltas y tocá las paredes. Vas a ver que no hay nada que temer.

Lo hice sólo para que no pensara que era un cobarde. De todos modos, me abstuve de tocar esas paredes. Al rato me senté a su lado y nos quedamos conversando sobre temas intrascendentes hasta que oscureció.

–Se está haciendo de noche –dije.

–¿Cuál es el problema? –me preguntó.

No respondí. Fingí un desinterés que no sentía hasta que por fin desandamos el camino y regresamos. La psiquis es compleja. Teje mundos imaginarios que la razón no alcanza a desarmar.

Muchos años después volví a aquel lugar. Quería ver con mis ojos de adulto el campo donde fui tan feliz de chico. O al menos eso creí. Yo también, como todos, caigo a veces en la trampa de idealizar lo perdido.

Expliqué a los dueños de la estancia quién era y gentilmente me dejaron pasar. Busqué la casa en que habíamos vivido durante aquel tiempo, pero no la hallé. Hasta que, de tanto hacer memoria, siguiendo un árbol de forma particular y un declive del terreno logré ubicarme. Me detuve a observar con cuidado y a unos metros descubrí un montículo de escombros sobre un piso de mosaico. Lo había encontrado. Esa era el lugar que en la niñez consideraba un hogar. Hogar al que en la actualidad también llamaban "la tapera". Ahora, mi padre y yo éramos los fantasmas a los que temían los chicos de hoy.

Al igual que para mí, hubo un pasado para Martín Fierro antes de que su rancho fuera una tapera; antes de la pérdida y el dolor. Él mismo lo describe luego de los primeros versos.

> *Y sentao junto al jogón*
> *a esperar que venga el día*
> *al cimarrón le prendía*
> *hasta ponerse rechoncho*
> *mientras su china dormía*
> *tapadita con su poncho.*

Así eran sus noches antes del horror. Puedo imaginarlo.

Fierro está sentado junto al fuego y toma un mate mientras "su china" duerme en sus brazos. Esa es su vida: el rancho, los caballos, el trabajo, el amor y la paz. De pronto todo se deshace. Llega el ejército, el maltrato, la tortura, la deserción, y a partir de ese momento, el infierno de vivir huyendo y escondido.

No tiene otra opción.

Pues si usté pisa en su rancho
y si el alcalde lo sabe
lo caza lo mesmo que ave
aunque su mujer aborte...
¡No hay tiempo que no se acabe
ni tiento que no se corte!

Y al punto dese por muerto
si el alcalde lo bolea
pues ay nomás se le apea
con una felpa de palos,
y después dicen que es malo
el gaucho si los pelea.

Y el lomo le hinchan a golpes,
y le rompen la cabeza,
y luego con ligereza
ansí, lastimao y todo
lo amarran codo con codo
y pal cepo lo enderiezan.

El cepo. La tortura, el intento de deshumanizarlo. Y la lucha, la búsqueda de terminar con tanto padecimiento. ¿Cómo? Volviendo. Regresando a un pasado lleno de recuerdos bellos. Un regreso imposible. Como todo regreso.

Tuve en mi pago en un tiempo
Hijos, hacienda y mujer,
Pero empecé a padecer,
Me echaron a la frontera,
¡y qué iba a hallar al volver!
Tan sólo hallé la tapera.

Me conmueve ese gaucho que se aferra al pasado en un intento inútil de recuperar la felicidad perdida. Porque la búsqueda de un reencuentro siempre está condenada al fracaso. Lo saben las parejas que luego de una separación deciden darse una segunda oportunidad. Si esperan reencontrar lo que tuvieron sólo hallarán desilusión. El intento puede salir bien, por supuesto, siempre y cuando se dediquen a construir una historia nueva y no a recuperar un pasado que ya no existe. Lo que una pareja fue en sus comienzos es otra forma de la vivencia de satisfacción, y parte del éxito de las segundas oportunidades está en admitir que el reencuentro es imposible. Porque lo que uno va a buscar ya no está. El pasado que tanto amamos hoy no es más que una tapera, y es necesario aprender a amar a quien tenemos enfrente aquí y ahora. Sin aferrarnos a lo que fue, sin pensar en las personas que hubo en el tiempo en que no estuvimos juntos, en los orgasmos que no nos pertenecen, en la ausencia. El reto es asumir el riesgo de construir un nuevo amor que tendrá, por supuesto, algunos restos del amor pasado, pero que sobre todo debe tener la potencia de un deseo presente. De lo contrario, sólo nos aguarda un tiempo melancólico.

En *El precio de la pasión* cité una tragedia que vive en los mitos griegos: la historia de Laodamía y Protesilao.

Laodamía era una joven que se enamoró de modo violento de Protesilao, quien correspondió a ese amor. Poco después de su casamiento el esposo tuvo que marchar a la famosa guerra de Troya y fue el primero de los griegos que murió en combate. Al enterarse, Laodamía entró en un estado de locura. Con sus propias manos construyó una estatua de cera que era el reflejo exacto de su esposo muerto, y jamás se separaba de ella.

En un momento, Acasto, su padre, que la observaba aterrado se acercó, logró arrebatarle el muñeco y lo arrojó al fuego. Su hija, furiosa, se soltó de sus brazos y saltó a la hoguera para morir abrasada por las llamas.

En aquel libro suspendí el relato allí. Pero existe otra versión que cuenta lo que sigue. Cuando Laodamía se enteró de que su esposo había muerto, cayó en una tristeza tan honda que los dioses permitieron que su marido volviera con ella por espacio de tres horas. Cuando partió de nuevo, la mujer se suicidó.

En su libro *Notas al pie*, Alejandro Dolina escribió un cuento que llamó "El regreso de Protesilao". Así interpretó ese regreso fantasmal, ese intento imposible por recuperar la felicidad perdida.

Yo sé que las cosas fueron muy diferentes. El viejo Polemón me contó que una noche, mientras preparaba trampas para ratones, vio avanzar una sombra en el camino del palacio de Acasto. Distinguió algo extraño en el caminar de aquel hombre. Lo siguió ocultándose entre los árboles y pronto pudo ver a la luz de la luna el rostro familiar de Protesilao. Polemón adivinó enseguida que el muchacho estaba muerto. Un difunto se mueve en forma extraña. Su cuerpo responde a fuerzas diferentes y es fácil reconocer su verdadera condición.

El anciano lo vio dirigirse a las habitaciones de Laodamía. Oyó los gritos de alegría de la muchacha. La vio abrazarlo y besarlo. Pero él estaba muerto. Agobiado por la tragedia. Desengañado porque había esperado que el amor también resucitara. Pero tal cosa no sucedió.

Por un rato vivieron unas agitaciones de breve pulsión carnal. Enseguida, Protesilao se sentó junto al fuego con expresión taciturna, con

desamor de muerto. Ella trató de acariciarlo y le
dijo las más tiernas palabras. Él permaneció en
silencio hasta que un rato después, mucho antes
de cumplirse el plazo acordado con los dioses, sa-
lió al camino y se marchó en dirección al puerto.

Laodamía comprendió su verdadera desgracia
y se ahorcó, no para acompañar a Protesilao, sino
ante la desesperación de no poder acompañarlo.

Los dioses no existen. Los muertos no regre-
san. Los que dejan de amar, tampoco.

No existe el reencuentro con el objeto perdido.

A veces creemos conseguirlo, pero no es más que
un engaño. Como los dioses y los muertos, tampoco
existe el regreso y no conviene entregarse al dolor del
desencuentro.

La muerte comienza el día que empieza a buscarse
la felicidad en el pasado. El día en que renunciamos
a las emociones presentes y las construcciones posibles para ampararnos en la melancólica búsqueda de
aquellos que fuimos en un tiempo que se ha ido para
siempre. Un tiempo de grandes deseos. A veces come-
temos el error de creer que sólo es importante el deseo
de cosas imposibles y por eso idealizamos los deseos
de la juventud. Es un error. Recuerdo aquella anciana
que me comentó emocionada que el domingo irían sus
nietos a buscarla al geriátrico para llevarla a almorzar a
su casa. No parecía un gran sueño. Apenas un almuer-

zo en familia. Sin embargo, era un deseo pletórico de vida. Mucho más que el de algunas personas que, con muy poco entusiasmo, nos cuentan grandes proyectos.

* * *

La vivencia de satisfacción ha dejado una marca imborrable que nos convoca a vagar en busca de algo imposible. Somos vagabundos recorridos por una decepción constante. Buscadores de algo inexistente. Nuestro propio Santo Grial. Y, sin embargo, esa búsqueda permanente nos hace humanos. Un delfín o una ballena jamás irán en busca de algo que no existe. Nosotros sí. Eso somos: buscadores infructuosos de algo que no ha estado nunca ni estará jamás. Pero, aunque parezca absurdo, esa búsqueda es lo que da sentido a nuestra vida. Porque en ese recorrido vamos llenándola de cosas importantes. Cosas que a veces están en el pasado, cosas que a veces ponemos en el futuro. Cosas que a veces, si lo hacemos bien, iluminan, al menos por un instante, nuestra vida presente.

4. FELICIDAD Y FUTURO

Hemos reflexionado sobre la felicidad buscada en el ayer. Vayamos ahora a la otra parte de esta línea de tiempo imaginaria y pensemos en la felicidad proyectada hacia el futuro. La felicidad esperanzada o quizás procrastinada.

Para iniciar el camino tomemos un cuento del escritor británico Max Beerbohm que Jorge Luis Borges, Adolfo Bioy Casares y Silvina Ocampo eligieron para formar parte de su *Antología de la literatura fantástica*.

Se trata de un relato que puede ayudarnos a pensar qué ocurre cuando se proyecta la felicidad hacia adelante.

El autor es al mismo tiempo coprotagonista de la historia y narra un acontecimiento de su propio pasado.

Todo comienza el 3 de junio de 1897 cuando Max Beerbohm comparte un almuerzo con Enoch Soames, un joven poeta que se encuentra deprimido ante la falta de reconocimiento de su obra. Soames siente que es un autor genial al que la crítica y los lectores todavía no han descubierto, y a pesar de su fracaso actual manifiesta la certeza de que lo espera un futuro trascendente donde su nombre será famoso. En su presente sufre la falta de interés que ha generado su literatura, pero está seguro de que en un tiempo su tristeza se volverá felicidad.

En una mesa cercana alguien lo escucha. El desconocido se acerca y se presenta. Se trata del diablo, quien le hace una propuesta desafiante: a cambio de su alma el demonio se compromete a transportar a Soames cien años al futuro para que pueda pasar una tarde en el Museo Británico, en cuya sala de lectura podrá descubrir cómo ha sido tratado por la posteridad. Luego del tiempo acordado devolverá a Soames al mismo restaurante, en la misma fecha, en el instante exacto en que se encuentran ahora y cobrará su pago.

Dispuesto a comprobar su éxito futuro el escritor sella el acuerdo con el diablo y desaparece. Al instante se encuentra en la biblioteca del museo donde busca su nombre sin éxito. Continúa la pesquisa hasta que, ya nervioso, pregunta cuál es el mejor libro moderno sobre los grandes escritores de la literatura de fines del siglo XIX. Le indican el de T. K. Nupton. Soames pide que se lo entreguen y comienza a rastrear su nombre hasta que por fin lo encuentra. Luego de leer el comentario, lo copia en un papel y aguarda a que se cumpla el plazo pactado con el diablo. Así, regresa al bar donde Beerbohm que lo espera sentado en la misma mesa le quita el papel que había traído del futuro y lee:

> *un escritor de la época, llamado Max Beerbohm, que aún vivía en el siglo veinte, escribió un cuento en el que retrató a un personaje imaginario llamado "Enoch Soames", un poeta de tercera categoría, que se cree un gran genio y hace un pacto con el Diablo para saber qué pensaría de él la posteridad. Es una sátira algo artificiosa, pero no carente de valor, en cuanto demuestra hasta qué punto se tomaban en serio los jóvenes de esa década.*

Beerbohm le dice que debe tratarse de una equivocación, pero Soames sabe que no hay error posible. Se enredan en una acalorada discusión que es interrumpida por la llegada del diablo quien, sin dudar, se lleva a Enoch Soames a sus dominios infernales.

Cito el final del cuento:

> *"Haga lo posible –fue la plegaria que me dirigió en el preciso instante en que el Diablo lo sacaba bruscamente por la puerta–, haga lo posible por hacerles saber que yo he existido". Un segundo*

después salí yo también. Me quedé mirando a todos lados, a derecha, a izquierda, adelante. Vi la luz de la luna, vi la luz de los faroles, pero Soames y el Otro habían desaparecido.

"Haga lo posible por hacerles saber que yo he existido". Tal vez ese pedido fuera la causa por la que Max Beerbohm escribió aquel cuento. Como sea, el pedido de Soames deja flotando una idea: quizás la felicidad consiste en haber tenido una vida trascendente. Después de todo, como hemos dicho, algún día seremos un cuento, y quizás nuestro desafío sea dejar algunos párrafos que permitan construir una bella historia.

Felicidad y trascendencia.

Pienso en el evangelio de Mateo. En uno de los versículos Jesús dice: *Donde haya más de dos personas reunidas en mi nombre, yo estaré.* No puedo dejar de escuchar una súplica en esa frase: reúnanse en mi nombre. No se olviden de mí. Y recuerdo las últimas palabras del revolucionario mexicano Pancho Villa: *No me dejen morir así. Digan que dije algo.*

* * *

Pensar la felicidad como meta, como destino, no se opone a la idea de la Vivencia Primaria de Satisfacción. Por el contrario, también cuando buscamos la dicha en el futuro anhelamos el reencuentro con ese momento pasado donde supuestamente nos sentimos completos y fuimos felices. Soames creía que si sus letras hubieran alcanzado la gloria póstuma alcanzaría la felicidad. Se engañaba. De haber logrado la trascendencia que soñaba tampoco habría sido del todo feliz. Esa trascendencia, por importante que fuera, distaría de la magnitud que esperaba. Porque siempre hay una distancia entre lo que se busca y aquello que se encuentra.

De todos modos, el relato destaca algo interesante: Soames quería ratificar en el futuro que su presente tenía un sentido. El poeta vendió su alma al diablo con el único fin de comprobar en un tiempo ulterior que lo que estaba haciendo ahora era importante. Se sentía abatido y sólo pretendía saber que lo que había hecho hasta ese momento no había sido en vano. Era su único deseo. Al menos, ser recordado.

Proyectar la felicidad en el futuro es una forma de escapar de las dificultades del presente. Un error que consiste en confundir felicidad con esperanza.

Cuando era chico, mi padre solía decirme: *Mañana es la palabra mentirosa con la que se engaña a las almas moribundas*. No creo que la frase le perteneciera, pero nunca pude olvidarla. Tal vez de ahí provenga mi resistencia a ver en la esperanza una actitud aconsejable.

La esperanza es una invitación al engaño. A creer que todo saldrá bien. A tener fe. Pero tampoco la fe alcanza para ser feliz. Después de todo, como dijo Kant, la fe consiste en creer que algo sucederá sólo porque debe suceder. Es decir que, para tener fe, hay que creer en la existencia de una justicia divina. Al igual que la esperanza, la fe requiere de la renuncia al pensamiento. Es un salto al vacío con la ilusión de que algo o alguien evitará nuestra caída. Dios. Otro de los grandes misterios. El enigma que ha desvelado incluso a las mentes más brillantes.

Albert Einstein, apostando a la necesidad de la existencia de un orden universal, asumiendo que las cosas no pueden producirse sólo por azar, señaló que *Dios no juega a los dados*. De manera maravillosa, Woody Allen le respondió que es cierto, *Dios no juega a los dados, juega a las escondidas*. Es decir, ¿dónde está Dios?

Esta asociación no me pertenece. Es del querido maestro José Pablo Feinmann.

Hace poco alguien me dijo que no creía en Dios, sino que pensaba en él. Enorme diferencia. Porque la creencia se detiene ante el misterio y acepta una respuesta imposible de demostrar. El pensamiento, en cambio, nos pone en movimiento. Una creencia no puede ser refutada, un pensamiento sí. No se puede discutir con quien cree, sí con quien piensa.

Fe, creencia y esperanza son palabras peligrosas.

La fe implica creer sin cuestionar. La creencia, aceptar sin poner a prueba. La esperanza, quedar inmóvil a la espera de que algo llegue. Actitudes que atentan contra la vida.

Borges habló acerca del soborno del cielo. Se resistía a pensar que, de existir, Dios fuera tan tonto como para salvar a alguien sólo porque creyera en él. La fe no alcanza para salvar a nadie. Como sostuvo Pablo de Tarso, la fe sin actos es vacía. Comparto esa idea. Me gustaría pensar que si alguien evita el infierno no es porque ha tenido fe sino porque su vida, su lucha y sus actitudes han sido nobles. Aunque nunca haya creído en nada.

Borges nos acerca otra provocación en relación al porvenir, al cielo prometido como lugar último de felicidad.

En un artículo llamado "Del cielo y el infierno", escribe:

Para casi todos los hombres, los conceptos de cielo, de felicidad son inseparables. Los teólogos definen el cielo como un lugar de eterna gloria y ventura y advierten que ese lugar no es el dedicado a los tormentos infernales. Butler, a finales del siglo XIX, proyectó un cielo en el que todas las cosas se frustraran ligeramente, ya que nadie es capaz de tolerar una dicha total.

Y más adelante nos acerca la reflexión de un teólogo inglés:

[Leslie] Wheatherhead arguye que el infierno y el cielo no son localidades topográficas, sino estados extremos del alma. Propone la tesis de un solo heterogéneo ultramundo, alternativamente infernal y paradisíaco, según la capacidad de las almas. Escribe que la directa persecución de una pura y perpetua felicidad no será menos irrisoria del otro lado de la muerte que de éste. "El dolor del cielo es intenso", comenta, "pues cuanto más hayamos evolucionado en este mundo, tanto más podremos compartir en el otro la vida de Dios. Y la vida de Dios es dolorosa. En su corazón están los pecados, las penas, todo el sufrimiento del mundo. Mientras quede un solo pecador en el mundo no habrá felicidad en el cielo".

Una frase que apunta al mañana, pero nos estremece aquí y ahora.

La esperanza es otra de las formas de depositar la felicidad en el futuro. Según esta mirada seremos felices más adelante, cuando consigamos nuestros sueños. Es una utopía. Si no logramos ser felices en el recorrido que conduce a esos sueños no lo seremos nunca porque, como hemos dicho, cuando los alcancemos el resultado jamás estará a la altura de lo soñado.

La esperanza y la fe se parecen. Ambas requieren una creencia sin pruebas. La fe es una verdadera paradoja, porque nos invita a renunciar a aquello que nos hace humanos, la razón, aunque sólo un ser humano es capaz de tener fe. Los animales no la necesitan porque carecen de la idea de la muerte. No tienen culpa por lo que han hecho en el pasado ni temor a aquello que los espera en el futuro.

Felicidad, esperanza y fe son inventos de nuestra especie.

La felicidad nos hace humanos porque, como sostuvo Comte-Sponville, *su imposibilidad nos distingue de los dioses, su aspiración, de los animales.* Es decir, nunca seremos felices porque somos imperfectos, porque siempre nos faltará algo. Y jamás dejaremos de perseguir la felicidad porque sabemos que algún día moriremos.

Casi sin darnos cuenta ha ingresado en este libro un pensador más: André Comte-Sponville. ¿Cómo no habría de hacerlo en un texto que piensa la felicidad?

El filósofo francés escribió un libro llamado *La felicidad, desesperadamente.* Lo sobrevolamos en *El precio de la pasión.* Tomémonos ahora algo más de tiempo.

Comte-Sponville parte de una definición de Epicuro:

> *La filosofía es una actividad que, mediante discursos y razonamientos, nos proporciona la vida feliz.*

A partir de esta afirmación el autor concluye que el filósofo es un buscador de la felicidad, aunque no a cualquier costo, porque hay algo que ama aún más que eso: la verdad. Es decir que el filósofo quiere ser feliz pero no está dispuesto a engañarse. Según él, *sólo es filósofo el que prefiere una verdadera tristeza a una falsa alegría.* Una postura que no avalaría cualquier tipo de terapia, pero sí el Psicoanálisis. Porque en tanto que algunas técnicas terapéuticas buscan que el paciente sea feliz, o al menos encuentre bienestar de cualquier manera, el analista prefiere llevar al paciente a aceptar una verdad que duele antes que sustentar una dicha basada en la mentira.

No es un detalle menor. Es una postura que define la ética del analista. Es obvio que el análisis, como todo en la vida, tiene un límite. En ocasiones, el límite lo impone el mismo paciente que elige hasta dónde quiere avanzar. Freud advirtió de los riesgos del "furor curandis", es decir, del peligro de que el profesional avance más allá del punto donde el paciente dice "basta". Por lo general se cree que la frase "hasta aquí llegamos" la pronuncia siempre el analista, y es cierto dentro del marco de la sesión. Pero en cuanto al fin del tratamiento, muchas veces es el analizante quien decide darlo por concluido. Tiene derecho a hacerlo. Es su vida y él decide hasta dónde quiere profundizar.

A diferencia de la meta planteada por Epicuro, el analista no persigue la felicidad de su paciente sino la posibilidad de que logre una vida diferente a la que tenía, sin tantos padecimientos y cercana a sus deseos verdaderos. Es posible que de esa manera alguien sea un poco más feliz, pero parafraseando a Freud, esa felicidad no será el fin buscado, sino que vendrá por añadidura.

Avancemos un poco más sobre el texto de Comte-Sponville.

Lo esencial es no mentir y, antes, no mentirse. No mentirse sobre la vida, sobre uno mismo, sobre la felicidad.

No he tomado estas citas de manera caprichosa. Lo hice porque plantean un desafío similar al que propone el análisis.

Al comenzar el tratamiento, es habitual que el paciente no sepa bien quién es. Hemos dicho que el sujeto humano ("el hablante") no nace con un ser y debe ir construyendo su identidad a partir de identificaciones sucesivas. Gestos, palabras, mandatos y actitudes que toma de las personas significativas de su vida (padre, madre, hermanos, abuelos, maestros). Estas le permiten armar algo que lo representa y que denominará "Yo". Pero, como se ve, se trata de un armado falaz. De una personalidad engañosa, como lo indica su nombre.

En el origen del teatro griego se denominaba "persona" a una máscara que utilizaban los actores para amplificar y modificar su voz y esconder su verdadera identidad. Así daban vida a sus "personajes". Es decir que la "persona" no es más que un disfraz, un engaño que el análisis intenta derrumbar con sus preguntas: "¿Esto es en verdad lo que desea?", "¿Por qué se hace tanto daño?", "¿Quién es usted realmente?".

Esas preguntas, usuales en un tratamiento analítico, apuntan a conmover las identificaciones y a que surja la auténtica voz del paciente: la voz del deseo. Una voz que expone nuestra condición de seres en falta. Platón se lo hace decir a Sócrates en *El banquete*:

el amor es deseo, y el deseo es carencia.

Tal vez por eso la felicidad es tan difícil de alcanzar. Para Albert Camus, imposible.

El hombre muere y no es feliz.

Una frase letal, aunque me permito dudar de su veracidad. Schopenhauer saldría a mi paso con su carácter violento y me increparía:

—¿Cómo se atreve a dudar de algo tan evidente? ¿No sabe, acaso, que la vida no es más que un péndulo que va irremediablemente del dolor al hastío? Dolor de no tener lo que se desea. Hastío de tenerlo.

Entonces, de la mano de un nuevo deseo, la posibilidad de ser feliz se dispara otra vez hacia adelante. Es lo que Comte-Sponville denomina *la trampa de la esperanza*, el error de creer que lograremos la dicha cuando alcancemos lo buscado. Algo que, al llegar, nos dejará gusto a desengaño.

* * *

He visto a muchas personas deambular del anhelo al aburrimiento. Me atrevo a decir que la mayoría transita su vida sin poder cortar ese circuito de frustración que no deja lugar para la felicidad presente. Entonces se apela a la promesa de una felicidad futura. Un territorio incierto y desagradable.

No está mal tener proyectos, después de todo es lo único que nos separa de la muerte. Y quizás la felicidad se geste en el esfuerzo, en el recorrido, en la entrega, en cada paso que nos acerca a lo deseado. Creer que seremos felices al final del camino es un pensamiento mágico, un gesto de autoengaño. En el libro *El duelo*, al recorrer la historia de los cielos, aludimos a las promesas de felicidad en que creyeron muchos pueblos a lo largo de los siglos.

Hay un cuento de Enrique Anderson Imbert, "El Fantasma", en el que se narra la historia de un hombre que muere y se vuelve fantasma. Un espectro absolutamente consciente de todo y de todos. Y ese espectro se dedica a esperar la muerte de sus seres queridos pensando que, cuando eso ocurra, volverá a reunirse con ellos y sentirá la felicidad que promueve, de vez en cuando, la reunión familiar.

Durante su espera acompaña a la esposa y a sus hijas a todas partes. Ellas no perciben su presencia, pero él sigue anhelante a su lado. Cuando llega el invierno su esposa se enferma. El protagonista desea con todo su ser que muera con la esperanza de que por fin podrán reencontrarse. Sin embargo, al morir, el fantasma de la mujer es tan invisible para él como para sus hijas.

Cito a Anderson Imbert:

Quedó otra vez solo, más solo aún, puesto que ya no pudo ver a su mujer. Se consoló con el presentimiento de que el alma de ella estaba a su lado, contemplando también a las hijas comunes. ¿Se daría cuenta su mujer de que él estaba allí? Sí… ¡claro!… qué duda había. ¡Era tan natural!

Las hijas quedan al cuidado de su tía, y el fantasma continúa a su lado durante años hasta que ellas van muriendo una tras otra. Las tres solteras. Sin hijos. Y ya no le queda nadie a quien acompañar.

Pero él sabía que en lo invisible de la muerte su familia seguía triunfando, que todos, por el gusto de adivinarse juntos, habitaban la misma casa, prendidos a su cuñada como náufragos al último leño.

El final es aterrador.

También murió su cuñada. [El fantasma] Se acercó al ataúd donde la velaban, miró su rostro, que todavía se ofrecía como un espejo al misterio, y sollozó, solo, solo ¡qué solo! Ya no había nadie en el mundo de los vivos que los atrajera a todos con la fuerza del cariño. Ya no había posibilidades de citarse en un punto del universo. Ya no había esperanzas. Allí, entre los cirios en llama, debían de estar las almas de su mujer y de sus hijas. Les dijo "¡Adiós!" sabiendo que no podían oírlo, salió al patio y voló noche arriba.

Se trata de un cuento espeluznante.

Aquel fantasma había depositado la esperanza de ser feliz más adelante, en el futuro incierto que depara el más allá. Pero, como se ha dicho, adelante no está la felicidad. Está la muerte. Por eso conviene desplegar nuestra humanidad aquí y ahora, en este tiempo plagado de ayeres y mañanas que, aunque breve, es el único posible.

¿Cuál es el desafío que nos propone Comte-Sponville? Alcanzar lo que denomina "felicidad en acto".

Encontrar el placer de amar lo que se tiene y la alegría de desear lo que se ama sin refugiarse en ninguna esperanza.

Recordemos cuales son las tres características de la esperanza según lo describimos en *El precio de la pasión*:

a) La esperanza nace de la ausencia.
Es un anhelo que alude a algo que no tenemos. Un ansia que surge a partir de la falta. Teniendo en cuenta que no es posible gozar de lo que no se tiene, es lícito decir que esperar es desear sin disfrutar.

b) La esperanza se refiere a algo que no sabemos si ocurrirá o no.
Por lo tanto, ignoramos si lo que deseamos va a producirse.

c) Se trata de un deseo cuya satisfacción no depende de nosotros.
Esto implica que no podemos hacer nada para conseguir lo que deseamos, sólo esperar.

Estas características llevan a Comte-Sponville a formular la siguiente definición:

La esperanza es un deseo que se refiere a algo que no tenemos (una carencia), del que ignoramos si es o si será satisfecho, y cuya satisfacción no depende de nosotros. En definitiva, esperar es desear sin disfrutar, sin saber y sin poder.

Entonces, la esperanza impide el placer porque remite a algo que no tenemos y, por lo tanto, de lo que no podemos disfrutar. Algo que ignoramos si pasará y además nos "impotentiza", porque el resultado esperado no depende de nosotros. Nada podemos hacer.

¿Quién puede ser feliz sin disfrutar y sintiéndose ignorante e impotente?

Por todo esto, el filósofo plantea que la esperanza nos retiene en un estado de profunda desdicha y que, si existe alguna posibilidad de ser feliz, esa posibilidad va de la mano de la desesperación.

Comparto esta mirada y agrego que es posible que bajo el disfraz de la esperanza se oculte la procrastinación.

La palabra procrastinar significa "postergar hasta mañana". Aunque en el uso habitual ese mañana suele eternizarse. Pero hay otra etimología atractiva que remite al griego antiguo *akrasia*, que implica "hacer algo en contra de nuestro mejor juicio", es decir, hacer algo en nuestra contra, perjudicarnos.

Los analistas solemos utilizar el término procrastinar para referirnos a un mecanismo sintomático que consiste en alejar el deseo hasta volverlo imposible. Todo lo haremos más adelante, y de ese modo se agiganta la distancia que nos separa de nuestros deseos y por ende del placer. Aunque corresponde aclarar que no siempre la espera es patológica. Muchas veces la espera responde al principio de realidad. Al pensamiento que nos indica que todavía no es momento de dar un paso determinado. Nadie en su sano juicio bajará del barco un kilómetro antes de llegar al puerto. Es importante tener la capacidad de esperar, que no es lo mismo que procrastinar. Si alguien comprende que aún no es tiempo de actuar, pone en juego una aptitud hija de la madurez: la posibilidad de "mediatizar", de poner algo entre el estímulo y la respuesta. Cuando un bebé tiene hambre, llora. No soporta la tensión, no puede esperar y reduce esa ansiedad como puede. En cambio, un adulto elige qué cocinar, enciende el horno, aguarda una hora y recién entonces calma su apetito. Ha desarrollado la facultad de esperar para obtener su satisfacción. No está postergando. Hace cosas para producir lo que desea, trabaja en dirección a ese deseo sabiendo que todavía no es momento de complacerse, pero va hacia ahí.

La espera inteligente soporta la ansiedad, enfrenta la impaciencia y contiene el desborde de los impulsos. La procrastinación, en cambio, elude el compromiso de jugarse por lo que se desea y la responsabilidad y el esfuerzo que demanda el intento de ser feliz.

Muchas veces fingimos esperar cuando en verdad estamos procrastinando. Cuando esto sucede, se entra en un circuito enfermizo donde postergamos aquello que decimos necesitar para ser felices y quedamos enredados en un nudo doblemente patológico. Por un lado, al desplazar el tema hacia adelante, nos alejamos de nuestro deseo. Por otro, ponemos en juego la esperanza absurda de que seremos felices cuando alcancemos lo mismo que acabamos de aplazar.

La espera puede alojar la dicha. La postergación, en cambio, la anula por completo. Porque la procastinación es gozosa. Con esa doble cara que tiene el goce, que por un lado satisface y por otro lastima.

Ya hablaremos de eso.

¿Cuál es la satisfacción que se encuentra postergando? Evitar la responsabilidad de hacerse cargo de un deseo. ¿Cuál es el dolor que soporta? La imposibilidad de obtener el placer que genera haber conseguido lo que se deseaba.

5. LUGARES DE FELICIDAD

Después de pensar en ayeres y mañanas nos queda la sensación de que no es factible ubicar la felicidad en el tiempo. ¿Habrá algún espacio donde habite? ¿Algún territorio donde podamos ir a buscarla?

Existe un lugar común que sostiene que "la felicidad hay que encontrarla adentro de uno". Entonces, ¿por qué solemos buscarla en cosas que están fuera de nosotros?

Es claro que la sensación de felicidad es interna, pero podría ser que el motivo que la genera, no. Incluso, es posible que no podamos bastarnos solos para alcanzarla. Hay quienes piensan que serán felices cuando ocurra algo que anhelan y que sólo les incumbe a ellos. Sin embargo, muchas veces nuestra felicidad se relaciona con algo que les pasa a otros. Ante esta posibilidad nos sale al cruce otro lugar común: "Ser feliz es vivir para los demás". Tal vez ambas posturas tengan algún sentido.

Durante muchos años pensé que a mi padre no le gustaba el dulce de batata. Cuando en casa había postre, siempre queso y dulce, lo rechazaba. Una vez le pregunté por qué y me respondió que no le agradaba. Años después descubrí que en realidad le encantaba, pero renunciaba a su porción para que mi hermana y yo pudiéramos compartirla. No había queso y dulce para todos. Y mi padre encontraba la felicidad en el placer de sus hijos.

Por suerte, a veces la vida nos da la ocasión de ser agradecidos.

Mi oportunidad llegó una mañana en la que vi que mi madre había subido a su Facebook una foto trucada en la que ella se situaba delante de la Torre Eiffel. Debajo había escrito un texto breve: "¿Será que alguna vez yo también podré conocerla?".

Al leerlo me conmoví. O tal vez me angustié. Aquella mujer que me esperaba cada madrugada con la comida caliente hasta que volviera del profesorado, la misma que durante años, con sol o con lluvia, me había llevado para que pudiera estudiar música, la que me había empujado cuando mis fuerzas parecían flaquear, tenía un deseo: conocer la Torre Eiffel. Y con la misma rapidez con la que me había emocionado tomé una decisión. La invité a almorzar al día siguiente y le dije: "Te vas a París".

Todavía me recorre su abrazo, su llanto.

A partir de ese instante surgió una avalancha de acontecimientos que se parecieron mucho a la felicidad. Las vísperas son ya parte de la meta. Por eso, cada detalle que nos acercaba a cumplir su sueño se vivía con intensidad. Hasta que llegó el día. Era la primera vez que mi madre se subía a un avión y sus ojos tenían un brillo casi infantil. Su asombro, la manera lúdica con que recibía la bandeja de comida y observaba todo a su alrededor: la pantalla que salía del apoyabrazos, el control de la butaca o las señales luminosas del piso. Mamá disfrutaba de cada detalle con un espíritu inaugural tan potente que era imposible no conmoverse en ese aquí y ahora que vivía. Aquí y ahora que resultan indispensables si se aspira a la felicidad.

* * *

Cierta vez un periodista subió a un monte para entrevistar a un maestro zen. Cuando estuvo frente a él le preguntó qué lo diferenciaba de los demás seres humanos. La respuesta fue breve:

–*Nada. Excepto que cuando como, como, y cuando duermo, duermo.*

Aquel monje era sabio porque vivía con tal intensidad que transformaba cada uno de sus momentos en un momento eterno. Podríamos pensar que algunos destellos de eternidad son necesarios para ser feliz.

Quizás sea indispensable lograr que lo que fuimos, lo que deseamos ser y lo que somos coexistan en un mismo instante. Un instante sin pasado ni futuro.

* * *

Aquel viaje a París tuvo mucho de eso. Desde que le di la noticia hasta que sacamos la foto frente a la Torre Eiffel, la misma que ella había trucado tiempo atrás, fui feliz con su felicidad.

Aunque no todos los viajes son iguales.

Algunas personas suelen decir que tienen un lugar en el mundo, como si existiera para ellas un sitio exacto donde la felicidad es posible. Tengo para mí que cuando se ubica la dicha en una geografía determinada, en realidad también se intenta ir hacia atrás o hacia adelante en el tiempo. Porque los espacios son generadores de asociaciones y nos contactan con los recuerdos y deseos.

Cada vez que voy a la ciudad de Mar del Plata espero la noche para sentarme en los escalones de la rambla. Amo ese instante y ese lugar. Tal vez porque me devuelven al chico que fui. El mismo que con cinco años observó la mirada emocionada de sus padres que por primera vez en su vida habían podido tomarse vacaciones y conocer el mar. Y allí estaban ellos, de la mano, mirando el océano. Y en cada viaje, cuando repito el ritual, me pregunto: ¿quién se emociona en mí? ¿Quién es feliz? ¿El chico, el hombre, o aquello que tenemos en común? ¿Qué me conmueve: el espacio en que estoy o el tiempo en que fui?

No es fácil responder a esa pregunta. A veces los lugares no son sólo lugares. Son también la infancia, lo perdido, lo que nunca volveremos a tener. Lo imposible.

Recuerdo a un paciente, hijo de italianos, al que no le interesaba conocer el lugar de donde provenían sus padres. Solía bromear aludiendo a esas personas que viajan a aldeas lejanas en busca de sus raíces.

—¿Para qué voy a ir si ahí no hay nada de mí?

Su trabajo le permitía viajar mucho. Sin embargo, siempre eludía ese destino, cansado de tanta "italianidad".

Cuando su padre murió tras una larga enfermedad, él estaba de vacaciones. Hacía dos años que no se hablaban y no pudo llegar a tiempo para despedirse. Sentía culpa y dolor. Luego de algunos meses y sin saber bien por qué, aprovechó uno de sus viajes laborales para pasar por el pueblo donde su padre había nacido. Tenía la dirección de un primo, que había sido el mejor amigo de su papá, a quien no había vuelto a ver durante sesenta años.

Semanas después volvió al consultorio. Se acostó en el diván y se quedó en silencio.

—¿Pasa algo? —pregunté.

Se tomó un tiempo antes de responder.

—Fui a visitar el pueblo de mis padres. Para curiosear, sin ninguna expectativa. Pero cuando llegué algo me pasó. Era como si no fuera yo, como si mirara cada esquina y cada casa con los ojos de mi viejo, como si su voz me estuviera describiendo los lugares por los que pasaba. Y mientras iba hacia la dirección que tenía anotada pensé mucho en él. En esas calles mi papá había jugado de chico, se había reído y se había enamorado de mi mamá. Ahí pasaron las cosas más importantes de su vida. La infancia y el amor. Y yo nunca me interesé por eso… Llegué a la casa de su primo con una sensación extraña.

Silencio.

—¿Y qué pasó?

—No le había avisado a nadie que iría. Es más, pensé que a lo mejor no valía la pena golpear la puerta, que quizás se habían mudado hacía tiempo.

—Pero golpeaste.

—Sí.

—Contame.

Suspira.

—Después de unos segundos me abrió un hombre mayor, muy alto, de ojos claros. Eran los ojos de mi viejo —rompe en llanto—. No pude decir nada… No hizo falta. Me miró y dijo: "Sos el hijo de Alessandro" —pausa—. Yo siempre pensé que no me parecía en nada a mi padre. Y sin embargo este hombre que ni me conocía reconoció a mi viejo en mí.

–A lo mejor tenés de tu papá más de lo que creés. ¿Qué pasó después?

–Mi tío no dijo nada más. Sólo abrió los brazos, y yo me le tiré encima. No pude darle el último abrazo a mi papá, pero quedaba él... Hasta sentí el olor de mi viejo. Y no me preguntes por qué, pero desde que mi viejo murió, fue la primera vez que pude llorar.

No necesito preguntar nada. Conozco la respuesta. Mi paciente se abrazó con su origen, con su historia, se reconoció en una trascendencia, en un linaje. Y ahí, en ese momento, tuvo su revancha contra la muerte. En ese espacio habitado por palabras y anécdotas experimentó la emoción de un reencuentro imposible: el reencuentro con el abrazo que sólo su padre podía darle. Y se sintió feliz.

Entonces, ¿la felicidad habita en algún lugar del tiempo o el espacio? No lo sé, pero no podemos olvidar que, para nosotros –hablantes–, los tiempos y los espacios están llenos de emociones, de pedazos dichosos y desgarrados de nuestra vida.

Lacan inventó un neologismo: extimidad. Un concepto que busca explicar la experiencia única del ser humano para quien no es tan fácil discriminar qué está adentro y qué está afuera, qué le pertenece y que no. ¿Me pertenece mi mirada, o es de aquello que miro? ¿Y el amor? ¿Es mío o de quien amo? ¿Y el lenguaje? ¿Y la piel, ese velo que nos recubre, que es acariciada y golpeada por el mundo? ¿Y el mundo mismo, ese espacio lleno de estímulos, de otras pieles, de otros deseos, está fuera o dentro de nosotros? Porque, como veremos ahora, también lo que pasa en el mundo determina nuestra posibilidad de ser felices.

Freud sostuvo que existen tres fuentes de donde provienen los dolores que enfrentamos. Hablaremos de eso. Por ahora sólo adelanto que una de ellas es el mundo que nos toca habitar.

Tomo entonces ese concepto lacaniano, "extimidad", lo levanto y afirmo que, para nosotros, hombres y mujeres, las cosas no son tan simples y que tal vez ayer, mañana, adentro o afuera no importen demasiado si logramos construir un momento de eternidad en el que podamos ser felices y vencer a la muerte por un rato.

II
EINSTEIN, FREUD
Y EL POETA

La vida es una herida absurda.

CÁTULO CASTILLO

1. MALAS NOTICIAS

Asomaba el siglo XX y acechaba la tragedia.

Inglaterra y Alemania se miraban con desconfianza. Casi todas las potencias europeas pujaban por ampliar su territorio, pero esos dos países estaban dispuestos a ir por más. Sólo necesitaban una excusa para estallar. Y la excusa llegó.

El 28 de junio de 1914, Franz Ferdinand, heredero al trono austrohúngaro, desfilaba con su auto por las calles de Sarajevo. De pronto, como salido de la nada, un estudiante serbio llamado Gavrilo Princip se paró frente al auto que llevaba al archiduque y disparó repetidas veces hiriendo de gravedad al príncipe y a su esposa, Sofía, quienes murieron a consecuencia del atentado. Las últimas palabras de Franz Ferdinand fueron: *no es nada*. Quizás la frase sea valedera. Tal vez la muerte no sea algo demasiado trascendente, a fin de cuentas, todo ser que pase por esta Tierra en algún momento va a morir. Sin embargo, el príncipe se equivocaba. La suya no sería una muerte como todas.

El agresor, de apenas diecinueve años, fue detenido antes de que pudiera suicidarse y condenado a veinte años de prisión en la fortaleza de Terezín. No llegó a cumplir la condena. Murió en 1918 a causa de una tuberculosis y de las condiciones inhumanas en las que estuvo encarcelado.

Conocí su calabozo.

La mañana era fría y una nieve apenas perceptible caía desde la noche anterior. Había decidido visitar el lugar que fuera utilizado por los nazis como campo de exterminio de niños judíos. Todo allí era sombrío, casi asfixiante. En algunas de las paredes estaban pegados los dibujos que esos niños realizaron en su cautiverio. Como psicólogo, durante mi formación estudié las técnicas que permiten interpretar las emociones que revelan los dibujos infantiles. Me detuve a observarlos y me puse a llorar. No pude contenerme. Cuánta angustia. Cuánto sufrimiento. Cuánta crueldad denunciada en cada trazo.

Recordé la canción que, en 1968, siendo todavía muy joven, compuso Silvio Rodríguez en relación a este espanto.

Una pesadilla blanca
de chimeneas quemando sangre,

para hijos de Judea
con rara estrella y rostro de hambre.

En invierno y verano es igual:
tras alambres no hay estación.
Terezín de los niños jugar
con la muerte común
mientras pintaban un cielo azul,
mientras soñaban con corretear,
mientras creían aún en el mar
y los llevaban a caminar
para no regresar.

Sed de tardes ya increíbles
saltaron locas las altas tapias.
Y el amor, irreductible,
quedó colgado en alambradas
de Terezín.

Terezín, Terezín, Terezín,
pelota rota.

Seguí la recorrida con una opresión que me costaba manejar y al llegar a la puerta de la celda en la que fuera alojado Gavrilo Princip el guía me preguntó si quería entrar. Había una condición: él cerraría la puerta desde afuera y no la abriría hasta que hubieran transcurrido cinco minutos. Dije que sí. No parecía un reto tan difícil.

El sonido del hierro, la oscuridad y el silencio fueron atroces. Al encontrarme solo dentro de la celda me recorrió un escalofrío y la loca sensación de que no saldría más. Era una idea absurda. Sabía que serían sólo cinco minutos, sin embargo, mi psiquis se negaba a creerlo y me angustié. Inspiré profundo en un intento por disminuir los latidos de mi corazón, pero no pude, hasta que por fin la puerta se abrió.

–¿Cómo se ha sentido? –preguntó el guía.

Quise mostrarme tranquilo. No pude responder. El hombre sonrió comprensivo.

–No se preocupe. Le pasa a todo el mundo.

Asentí.

Fue una experiencia desagradable, pero no tanto como el horror que se desató después del asesinato del príncipe Franz Ferdinand.

Apoyado por Alemania, el emperador austrohúngaro culpó a Serbia por el incidente. Pero Serbia era aliada de Rusia, que a su vez era aliada de Francia. A los pocos días Alemania invadió Bélgica y declaró la guerra a Francia. Como no podía ser de otro modo, la siempre agazapada Inglaterra reaccionó y entró de lleno en el conflicto. Comenzaba así la "Gran guerra", conocida más tarde como "Primera Guerra Mundial".

Casi diez millones de personas murieron en los enfrentamientos y más del doble fueron heridas o mutiladas. En 1917, en medio de aquel espanto, a los veinte años de edad también murió Hermann, hijo de Regina, la hermana de Sigmund Freud.

Finalmente, el 11 de noviembre de 1918 se dio por terminado el conflicto bélico. Luego de su triunfo, los aliados, reunidos en el palacio de Versalles, decidieron cómo sería la nueva distribución de Europa. Alemania debía renunciar a sus colonias, desmantelar su ejército e indemnizar al resto de las naciones por los daños causados por la guerra. Semejante tratado sólo podía ser el germen de un nuevo conflicto. Un conflicto que sería mucho más destructivo que el anterior.

A fines de la década de 1920, en una reunión organizada en Berlín por su hijo, Sigmund Freud conoció a un joven brillante que le había dejado una muy buena impresión: Albert Einstein. Según comentó:

> *Él es alegre, confiado y amable, y entiende tanto de psicología como yo de física, así que tuvimos una charla muy placentera.*

Fue la única vez que se vieron en persona. Sin embargo, el agrado de ambos había sido tan fuerte que mantuvieron una amistad epistolar. Einstein tenía algunas cosas que generaban en Freud una envidia que ni el mismísimo creador del Psicoanálisis se esforzaba en disimular. En primer lugar, su juventud. Freud veía que el físico tenía por delante un tiempo que le permitiría seguir profundizando sus teorías. Un tiempo que a él comenzaba a faltarle. En segundo lugar, el aval que su disciplina y sus predecesores daban a sus investigaciones.

Así lo confesó Freud a su amiga Marie Bonaparte:

El afortunado Einstein lo ha pasado mucho mejor que yo. Ha contado con el apoyo de una larga serie de predecesores desde Newton en adelante, mientras que yo he tenido que abrirme paso solo a zancadas a través de una jungla enmarañada.

Además, consideraba que el científico tenía mucha suerte,

porque él trabaja en física matemática y no en psicología, donde todo el mundo cree que puede opinar.

Algo que no ha cambiado con el tiempo.

Suelo compartir reuniones con personas que no han leído ni una sola palabra de Psicoanálisis y aun así cuestionan nuestra teoría y niegan con convicción la existencia del Inconsciente. No es raro que eso ocurra, y no sólo con los legos. Con una actitud que contradice las bases mismas de la ciencia que pretenden defender, muchos científicos intentan apropiarse de la verdad y degradan todo aquello que escapa a su entendimiento.

El propio Einstein cayó en ese error y se permitió opinar sobre el tema sin tener la menor idea de cómo funcionaba el universo descubierto por Freud. Incluso en el año 1928 se negó a apoyar su candidatura al premio Nobel, aunque al menos su argumento fue sincero:

A pesar de mi admiración por los ingeniosos logros de Freud, dudo en intervenir en este caso. No pude convencerme de la validez de la teoría de Freud.

Aquella negativa generó un auténtico dolor a Freud, quien anhelaba con ansias obtener ese reconocimiento para el que fue propuesto en doce ocasiones.

* * *

A comienzos de la década de 1930 el horror asomaba sus garras una vez más. La violencia flotaba en el aire y la paz de Europa volvía a estar amenazada. El fascismo avanzaba y se percibía un clima tenso. Preocupada, la Liga de las Naciones le encargó al científico más importante de la época, un pacifista declarado, que consultara a las mentes más brillantes del mundo para buscar una manera de frenar la guerra y evitar así tanto sufrimiento. Ese científico no era otro que Albert Einstein, quien no dudó en escribir al mismo hombre cuya candidatura al premio Nobel se había negado a apoyar: Sigmund Freud. Así fue que a mediados de 1932 el analista y el físico comenzaron a intercambiar correspondencia. Apoyados en el respeto mutuo, y más allá de sus diferencias, se dedicaron a pensar cuáles podían ser los motivos que impulsaban a la humanidad a desplegar tanta violencia sin que importara siquiera la perspectiva de su propia destrucción. Esas cartas eran de interés mundial y por eso fueron publicadas en francés, inglés y alemán en el año 1933. Publicación que el Partido Nacionalsocialista se encargó de prohibir en Alemania. Era esperable. Para ese entonces ya había ascendido al poder Adolf Hitler, el hombre que se encargaría de desterrar tanto a Freud como a Einstein.

En su intercambio epistolar, Einstein y Freud se abstienen de hablar de felicidad. Apuestan a mucho menos. Apenas a la posibilidad de evitar el horror. El físico no puede entender la vocación por el sufrimiento que recorre al ser humano y le pregunta a Freud si piensa que hay algún camino para evitar los estragos de la guerra.

Cito:

Es bien sabido que, con el avance de la ciencia moderna, este ha pasado a ser un asunto de vida o muerte no sólo para algunas personas sino una verdadera amenaza para toda la civilización tal cual la conocemos; sin embargo, pese al empeño que se ha puesto, todo intento de darle solución ha terminado en un lamentable fracaso.

A pesar del desaliento que lo recorre, con enorme lucidez Einstein esboza una intuición:

Debe de haber algo que escape a la buena o mala praxis política. Algo en la constitución misma del ser humano [...]. En lo que a mí respecta, el objetivo habitual de mi pensamiento no me lleva a penetrar las oscuridades de la voluntad y el sentimiento humanos. Así pues, en la indagación que ahora se nos ha propuesto, poco puedo hacer más allá de tratar de aclarar la cuestión y, despejando las soluciones más obvias, permitir que usted ilumine el problema con la luz de su vasto saber acerca de la vida pulsional del hombre.

No obstante haberse negado a apoyar la candidatura de Freud al premio Nobel, Albert Einstein accede a la discusión acerca de un tema que desconoce, la vida pulsional del ser humano, y consulta a quien ha dedicado su vida a estos asuntos. ¿De qué se trata? ¿En qué consiste esa energía psíquica que nos recorre, que escapa a la comprobación científica, que no puede fotografiarse ni verse con microscopios ni radiografías y sin embargo guía la vida de hombres y mujeres? Y en su afán por comprender sigue cuestionando:

¿Cómo es que estos procedimientos logran des-
pertar en los hombres tan salvaje entusiasmo,
hasta llevarlos a sacrificar su vida? Sólo hay una
contestación posible: porque el hombre tiene
dentro de sí un apetito de odio y destrucción.

Aquel hombre, emblema del espíritu científico, reconoce el límite de la ciencia y pide ayuda al Psicoanálisis.

Freud le responde con calidez. Con la paciencia
del maestro ante un discípulo a quien le cuesta comprender, hace un recorrido por la historia de la violencia para demostrarle que el ser humano ha sido
destructivo desde que pisó este mundo. Son párrafos
minuciosos que explican el camino que va de "la ley
de la selva" al surgimiento del derecho. Escribe Freud:

Sabemos que este régimen se modificó gradual-
mente en el curso del desarrollo, y cierto camino
llevó de la violencia al derecho. ¿Pero, cuál fue
ese camino? Uno solo, yo creo. Pasó a través del
hecho de que la fuerza mayor de uno podía ser
compensada y vencida por la unión de varios
más débiles. "L'union fait la force" ("La unión
hace la fuerza"). La violencia (del más fuerte)
es reducida, quebrantada y finalmente vencida
por la unión de varios aisladamente más débiles,
y ahora el poder de estos unidos constituirá el
derecho en oposición a la violencia del único.

Vemos pues, que el derecho no es sino el poder de una comunidad.

Para Freud, el derecho, la ley que nos permite vivir de un modo medianamente ordenado, el contrato social que teorizó Rousseau, no es más que la misma violencia humana puesta en manos de la mayoría. Parafraseando a Foucault podríamos decir que el derecho es el derecho del poder.

Luego de esta explicación, para asombro de Einstein, Freud le expone su desesperanzado punto de vista.

Nos parece con pocas probabilidades de éxito sino inútil el propósito de eliminar las tendencias agresivas de los hombres. [...] Lo ideal sería, desde luego, una comunidad de hombres que hubieran sometido su vida pulsional e impulsiva a los juicios de la razón y sus dictados. [...] Pero una vez más una esperanza tal es con muchísima probabilidad una esperanza utópica.

Y continúa con un interrogante:

¿Por qué nos indignamos y sublevamos tanto contra la guerra, usted y yo y tantos otros? ¿Por qué no la admitimos como una más, y no hay

*pocas, de las tantas penosas y dolorosas miserias
y calamidades de la vida?*

Un párrafo demoledor.

Una de las mentes más brillantes de la humanidad
se pregunta qué nos impide asumir que no hay solución posible para evitar la infelicidad y la destrucción
que acompaña nuestra condición humana.

Sin embargo, no es algo que se dé sólo en el ámbito de la sociedad sino también en lo más íntimo de
cada uno de nosotros. Lo sabemos. Lo experimenta-
mos a diario. ¿Por qué elegimos siempre mal? ¿Por
qué nos quedamos en relaciones que ya no deseamos?
¿Por qué seguimos junto a personas que nos lastiman? ¿Por qué boicoteamos nuestros proyectos cuando
están a punto de concretarse? ¿Por qué arriesgamos las
cosas que más nos importan por otras intrascendentes?

Imagino a Einstein leyendo estupefacto aquella
carta y preguntándose: "¿No hay modo, entonces, de
eludir el desastre? Señor Freud, responda: ¿Cuál es la
manera de evitar la guerra?".

"Sólo una", podría contestar el psicoanalista: "que
el ser humano logre someter sus impulsos al dominio de
la razón. Pero eso no es posible. Es sólo una quimera".

Y tal vez para no desalentar del todo a su joven
amigo, el maestro concluye:

Por ahora sólo podemos decirnos: todo lo que promueva el desarrollo de una cultura que no se funde en la represión pulsional sino en una educación racional de lo pulsional trabaja también contra la guerra.

Sospecho que Einstein esperaba otra cosa. Una receta que aplicar, una solución posible, unas palabras de esperanza. Para eso apeló al hombre que en su opinión más sabía acerca de los misterios de la psiquis. Pero ese hombre era un psicoanalista y no iba a mentirle.

La mirada de Freud podría dejar flotando la idea errónea de que era una persona pesimista. No es cierto. Apenas se negaba a mentirse a sí mismo y a los demás. Pero no debemos engañarnos. Freud apostaba a la vida y, por qué no, a que fuera posible alcanzar alguna forma de felicidad siempre y cuando se tratara de una felicidad basada en la verdad. Al igual que André Comte-Sponville, se negaba a ser feliz si el costo de esa felicidad implicaba abrazar una mentira.

* * *

Quince años antes de este intercambio epistolar, Freud caminaba por el campo junto a un amigo un poco taciturno y un poeta que, aunque joven, era ya bastante reconocido. El lugar, con sus árboles y flores era hermoso. Sin embargo, atento como era al estado anímico de los demás, Freud comprendió que el poeta no se sentía bien. Le comentó su percepción y el joven le respondió que le preocupaba la idea de que el paisaje maravilloso que veían estuviera destinado a desaparecer...

> *que en el invierno moriría, como toda belleza humana y todo lo hermoso y lo noble que los hombres crearon o podrían crear. Todo eso que de lo contrario habría amado y admirado le parecía carente de valor por la transitoriedad a que estaba condenado.*

Tenía razón el poeta. Todo lo que amamos morirá algún día.

Sin embargo, Freud le cuestionó que se perdiera lo bello de la vida sólo porque era transitorio. Es más, sostuvo que precisamente en eso radicaba el valor de la existencia: que no era eterna. Y argumentó que no podía ser que *la transitoriedad de lo bello hubiera de empañarnos su regocijo.*

Pienso en los metales preciosos que aumentan su valor cuanto más escasos son. Pienso en el amor. En cuánto más intensos se vuelven los momentos apasionados si comprendemos su fugacidad. Pienso en la pandemia. En esta pandemia espantosa que develó cuán soberbios somos al creernos dueños del destino y nos hizo tomar conciencia de que no tenemos todo el tiempo del mundo para pedir perdón, para decir "te amo", para jugarnos por nuestros sueños.

Freud se opuso a la idea de que lo efímero de la belleza debiera empañar su regocijo y dijo al poeta:

En lo que atañe a la hermosura de la naturaleza, tras cada destrucción por el invierno ella vuelve al año siguiente, y ese retorno puede definirse como eterno en proporción al lapso que dura nuestra vida. A la hermosura del cuerpo y del rostro humanos la vemos desaparecer para siempre dentro de nuestra propia vida, pero esa brevedad agrega a sus encantos uno nuevo. Si hay una flor que se abre una única noche, no por eso su florescencia nos parece menos esplendente. Y en cuanto a que la belleza y la perfección de la obra de arte y del logro intelectual hubieran de desvalorizarse por su limitación temporal, tampoco podía yo comprenderlo. Si acaso llegara un tiempo en que las imágenes y las estatuas que hoy admiramos se destruyeran, o en que nos sucediera un género humano que ya no comprendiese más las obras de nuestros artistas y pensadores, o aun una época geológica en que todo lo vivo cesase sobre la Tierra el valor de todo eso bello y perfecto estaría determinado únicamente por su significación para nuestra vida sensitiva; no hace falta que la sobreviva y es, por tanto, independiente de la duración absoluta.

Es decir: ¿qué importa cuánto dure? Hoy está aquí. Es belleza presente, se impone y sería una torpeza dejarla pasar sólo porque no es eterna.

Sin embargo, a pesar de sus palabras, Freud se dio cuenta de que no había logrado modificar la postura de su amigo, e intuyó que era posible que el joven le temiera al duelo y por eso prefiriese renunciar a la felicidad y al disfrute de lo que se tiene ante la inminencia de que algún día pudiera perderse.

He conocido muchas personas que sienten igual y huyen de las grandes aventuras, como el amor, por miedo al fracaso. Hombres y mujeres que argumentan su falta de compromiso afectivo amparándose en que eligen su libertad cuando en realidad esconden su pánico a la pérdida.

Es cierto que en las emociones humanas no hay garantías ni certezas. Todo puede desvanecerse en el momento menos esperado y eso traerá dolor. Un dolor que debe estar dispuesto a enfrentar quien desee vivir con intensidad, y no sólo pasar por la vida.

Pensémoslo con detenimiento y comprenderemos que esa certeza tan ansiada es en realidad enemiga de la felicidad, porque hay en lo fugaz una invitación al ardor, a abrazar con desesperación lo que se tiene. Sí, con desesperación, es decir, sin esperanza. Como dijimos, la esperanza es una trampa. Es cierto que calma la angustia que anticipa la posibilidad de una ausencia futura, pero el precio de esa calma es la pérdida de la pasión. Esa pasión que sólo se experimenta cuando se comprende que el momento presente es único.

La conversación entre Freud y el poeta tuvo lugar en el verano anterior a la Primera Guerra Mundial. Un año después de esa charla llegó la barbarie y devastó ciudades, obras de arte, sueños y vidas. La pulsión destructiva de la especie humana dio rienda suelta a su desmesura, destruyó todo lo que alguna vez había sido hermoso *y mostró la caducidad de muchas cosas que habíamos juzgado permanentes*

Subrayo la última reflexión de Freud:

> *Pero aquellos otros bienes, ahora perdidos, ¿se nos han desvalorizado realmente porque demostraron ser tan perecederos y tan frágiles? Entre nosotros, a muchos les parece así, pero yo, en cambio, creo que están equivocados.*

Arthur Schopenhauer no hubiera acordado con Freud. Según él

> *la vida para cada individuo tiene una enseñanza, y es que los objetos de su querer son engañosos, desconocidos y decrépitos y causan más dolores*

*que alegrías hasta el instante en que la vida se
derrumba en el mismo terreno en que se alzaban
estos deseos. Y en ese momento viene la muerte,
como último argumento, a acabar de convencer
al hombre de que todas sus aspiraciones y toda su
volición no son más que error y locura.*

Esa sí es una mirada pesimista.

Hay quienes piensan que Freud, como Nietzsche
o Borges, fueron influenciados por Schopenhauer.
Cuando leemos que el filósofo sostuvo que los síntomas de la locura son el producto de un olvido voluntario de algo tan insoportable que esa persona opta por
sustituir esas vivencias por recuerdos falsos, se hace
imposible negar la similitud con la teoría psicoanalítica.
Tanto que el mismo Freud salió al cruce y confesó que
jamás había leído a Schopenhauer hasta que un amigo
le señaló la cercanía entre sus ideas.

Cuesta creer que un hombre como Freud se haya
abstenido de leer al pensador más valorado de su tiempo. Sin embargo, al menos en esta ocasión, es evidente
que sus miradas son muy distantes.

Freud reconoce en lo transitorio el verdadero motivo de la belleza y aporta una idea que vale la pena
considerar: no debemos renunciar a la felicidad sólo
porque los momentos que nos conmueven, el amor o
la dicha, están condenados a pasar. Todos pasaremos.
Eso no implica que tengamos que resignarnos a una

vida oscura y melancólica y sentarnos deprimidos a esperar el final inevitable. De ninguna manera.

La vida no puede ser sólo la víspera de la muerte. Ser feliz requiere la valentía de reconocer lo transitorio de todo lo que amamos y encontrar la eternidad. Ese instante donde, como dijimos, lo que hemos sido, lo que deseamos ser y lo que somos confluyen en un presente único que habitamos aquí y ahora.

Este libro se pregunta acerca de la felicidad.

Me adelanto a señalar que sólo será posible alcanzarla siempre y cuando no exijamos que dure para siempre. La felicidad, como todo en la vida, ha de ser transitoria. Y no por eso menos intensa.

* * *

Más allá de algunas digresiones hemos descubierto dos caras diferentes del pensamiento freudiano. Una de ellas increpa al joven poeta para recriminarle que no se pierda el disfrute de la belleza sólo porque es transitoria. La otra enfrenta al científico más importante del mundo para aconsejarle que pierda toda esperanza y acepte que no puede detenerse la violencia, porque aun si fuera posible reducir las causas externas que generan conflicto se toparía con una verdad inapelable: en cada ser humano habita un afán de destrucción inevitable para todo aquel que quiera entender el mundo. Los animales no son destructivos porque no buscan comprender el lugar que habitan sino apenas adaptarse a él. En cambio, el ser humano investiga y destruye. Así avanza la ciencia. Va en busca de una idea, la estudia, la desgrana y luego la echa por tierra para generar una idea nueva.

¿Cómo construye la geometría moderna sino destruyendo a Euclides y afirmando que estaba equivocado, que las paralelas pueden cruzarse en algún punto infinito?

Gaston Bachelard, que además de filósofo, poeta, físico y crítico literario era un reconocido epistemólogo, afirmaba que siempre se conoce en contra de un conocimiento anterior. A ese impulso que nos empuja a deshacer lo existente para develar misterios lo llamamos pulsión epistemofílica. Pasión por saber. Y como toda pasión, desmesurada, destructiva. Por desgracia, la mayoría no logra desarrollarla y utiliza ese empuje para lastimar o lastimarse.

Sospecho a Freud interpelando al científico:

–Albert, ¿quién le dijo que estamos en este mundo para ser felices?

Freud es terminante en este aspecto. En su maravilloso texto "El malestar en la cultura" afirma que no hay nada en el plan del universo que contemple la felicidad humana.

En ese mismo texto señala las tres causas principales del sufrimiento humano. La primera de ellas es el cuerpo, fuente de excitación y dolor *destinado a la decadencia y la disolución*. La segunda es el mundo externo que con su potencia desata todo tipo de desastres naturales. Y la tercera, la relación con otros seres humanos. Según Freud, esta última es la que más sufrimiento genera. Basta pensar en la guerra, la muerte de un ser querido, las discusiones familiares o el desamor para comprender cómo nos afecta el vínculo con las demás personas. Algunas de ellas no requieren siquiera de presencia real para dañarnos, porque habitan en nuestros recuerdos y desde allí son fuente de ansiedad o angustia.

Dada esta realidad, es comprensible que toda persona desee escapar del sufrimiento. Para eso vienen a mi consultorio. Porque no soportan el dolor, la soledad, la pérdida o el vacío que los recorre. No está mal. Es un buen motivo para comenzar un análisis. La dificultad es que, parados en ese lugar, los pacientes confunden el final del padecimiento con la felicidad. Como analista tomo el compromiso de avanzar junto a ellos en busca de la disminución de su sufrimiento, pero no voy a mentirles. No puedo garantizarles que eso traiga la tan ansiada felicidad.

La relación entre el Psicoanálisis y la felicidad es al menos conflictiva, a pesar de lo cual no tenemos que perder de vista lo que Freud dijo al poeta: no debemos desistir del placer de la vida sólo porque ese placer sea perecedero.

El planteo freudiano, aunque duro, no implica la renuncia al intento de alcanzar la felicidad, pero denuncia el error de ir hacia ella con una mirada ingenua, con la utopía de soñar con un mundo donde todos nos queramos, nos respetemos y convivamos en armonía. Eso es una ficción. El mundo que nos muestra la película *Avatar*. Un ideal imposible de alcanzar en el universo de los hablantes.

Hay que aceptar que nos recorre un impulso destructivo que no se puede reprimir y será siempre fuente de dolor: la pulsión de muerte. Sin embargo, Freud abre un camino posible, que es intentar acotar esa pulsión, contenerla como quien encadena a una bestia buscando controlarla lo mejor que pueda. Pero, ¿es posible contener esas pulsiones que nos lastiman y nos llevan a elegir parejas que duelen, vínculos agresivos, trabajos frustrantes y vidas que no deseamos?

En nuestras reflexiones ha aparecido esa palabra: "pulsión". Motor de la vida anímica, fuente de los deseos más nobles y las emociones más oscuras. Examinemos de qué se trata.

2. PULSIÓN

Somos humanos en tanto habitamos el universo del lenguaje. Un universo que nos precede y nos determina. Antes de nacer ya nos está esperando un nombre que pone en juego las expectativas que otros, por lo general los padres, depositan sobre nosotros y que tendrán un papel fundamental en nuestra vida. Voces que se transformarán en mandatos que deberemos obedecer o enfrentar.

Apenas nacido, el bebé es arrojado a ese universo simbólico donde cada palabra sólo encuentra su valor por oposición a otra. ¿Qué significaría "bajo" si no existiera "alto"? ¿Qué "bueno" sin "malo", "derecha" sin "izquierda" o "ayer" sin "mañana"? El término "pulsión" marca el rasgo que distingue a los humanos del resto de los seres que habitan la Tierra y, como toda palabra, también se define por oposición a otra:

"instinto". ¿Dónde radica la diferencia entre uno y otro? Tomemos como ejemplo la sexualidad.

El instinto supone una relación natural y permanente entre un animal y su *partenaire* sexual, un miembro perteneciente a la misma especie, pero del otro género. Es claro que un perro no se unirá con una gata o una elefanta, sino únicamente con una perra.

El instinto determina una adecuación entre el miembro de una especie y su objeto, y eso implica que hay un encuentro posible. En efecto, el animal tiene un objeto preciso que se adapta a su instinto y satisface su necesidad. La pulsión, en cambio, no responde a una necesidad biológica y expone el rasgo distintivo de la sexualidad humana: jamás podrá satisfacerse por completo porque no tiene un objeto predeterminado, porque aquello que erotiza a un hombre o una mujer puede ser cualquier cosa.

El fetichismo es la muestra más clara de que alguien puede excitarse ante la presencia de un pañuelo, un par de botas o unos ojos negros. Porque a diferencia del instinto, el objeto de la pulsión difiere en cada persona, y esa variabilidad dependerá de diversos factores como, por ejemplo, la historia que esa persona haya tenido.

El instinto no duda. La pulsión, en cambio, nos empuja al misterio del erotismo.

A esto apuntan alguna de las frases nacidas de la teoría psicoanalítica que tanto molestan. Por ejemplo, la que sostiene que la sexualidad humana siempre es perversa. Es evidente que Freud no aludía a que todos vamos por la vida cometiendo aberraciones, sino al hecho de que para el hablante no existe un objeto determinado de antemano por el que lograr la satisfacción. Lo que se pervierte es el fin natural.

De igual modo, cuando Lacan dice que "no hay relación sexual", no está negando la evidencia irrefutable de que los seres humanos tienen sexo. Al igual que Freud, señala que no hay un objeto único que se adapte de manera universal al deseo de todos los hombres y mujeres del mundo.

Señalo que no he utilizado la palabra "necesidad" sino "deseo", porque como hemos visto, en tanto estamos atravesados por el lenguaje, la necesidad y el instinto están perdidos para el ser humano.

En oposición a esta idea se suele recurrir al instinto materno o al instinto de conservación. Sin embargo, la realidad demuestra que hay madres que abandonan a sus hijos y personas que se matan.

El instinto parte de una necesidad que impulsa al animal en la búsqueda del objeto adecuado que calma esa necesidad y consigue el fin anhelado. En la copulación, por ejemplo, el fin será la reproducción.

La postura freudiana señala una ruptura con la necesidad y remarca la ausencia de un objeto "natural" que se adecue a todos los miembros de nuestra especie. Es decir, la pérdida del instinto y el imperio de la pulsión.

Lacan entra al campo del Psicoanálisis proponiendo una relectura de los textos de Freud a la luz de los postulados filosóficos de Hegel y de algunos pensadores estructuralistas, en especial de Claude Lévi-Strauss, en el campo de la antropología, y Ferdinand de Saussure desde la lingüística.

Veamos de qué se trata.

Lévi-Strauss, como Lacan, sostenía que el sujeto humano es un efecto de la cultura. Para explicarlo diferencia lo natural de lo cultural, entendiendo como naturales a todas las conductas de una especie que son universales y espontáneas, es decir que son comportamientos que tienen todos los miembros de una especie sin excepción y que son heredados, por lo cual no necesitan de ningún tipo de aprendizaje. Las conductas culturales, en cambio, no son universales sino particulares, es decir que pueden diferir de una comunidad a otra, o de un miembro a otro, y como no son innatas sino adquiridas deben aprenderse. Según Lévi-Strauss no existe ninguna conducta natural en el ser humano, que es lo mismo que decir que carecemos de instinto, que estamos bajo la influencia de esa fuerza que los analistas denominamos pulsión.

La pulsión es un concepto límite entre lo psíquico y lo somático.

Con esa definición, Freud señala que se trata de una energía que se origina en el cuerpo, en las llamadas zonas erógenas, y desde allí genera una tensión que la psiquis deberá disipar generando alguna respuesta.

Imaginemos que en una reunión cruzamos una mirada con alguien que nos atrae. Desde esa zona erógena –los ojos–, nace una excitación que deberemos resolver. Podemos acercarnos a esa persona e intentar entablar un vínculo, reprimir el deseo o escapar de la situación. Queda claro que la pulsión es un límite entre el cuerpo y la psiquis. Con esa característica que tienen los límites: separan a la vez que unen.

Freud la caracterizó como un impulso que tiene cuatro elementos: la fuente, el fin, el objeto y el esfuerzo.

La fuente es el lugar del cuerpo donde se origina el estímulo, las zonas erógenas que dan lugar a distintos tipos de pulsiones: oral, anal, escópica e invocante. Cada una de ellas compromete diferentes objetos perdidos, la teta, las heces, la mirada y la voz, y actúan con total autonomía.

Los dos últimos, agregados por Lacan, parecen difíciles de comprender.

Dejemos que el poeta Horacio Ferrer nos ayude.

En "Balada para un loco", el personaje dice:

Las tardecitas de Buenos Aires tienen ese qué sé yo, ¿viste?

*Salís de tu casa por Arenales, lo de siempre, en
la calle y en vos.
Cuando, de repente, de atrás de un árbol, me
aparezco yo.*

*Mezcla rara de penúltimo linyera y de primer
polizonte en el viaje a Venus.
Medio melón en la cabeza, las rayas de la camisa
pintadas en la piel,
dos mediasuelas clavadas en los pies y una ban-
derita de taxi libre levantada en cada mano.*

*Te reís, pero sólo vos me ves.
Porque yo paso entre la gente y los maniquíes
me guiñan,
los semáforos me dan tres luces celestes,
y las naranjas del frutero de la esquina me tiran
azahares.*

Si bien la canción refiere precisamente a un "loco",
alguien cuya estructura psíquica genera alucinaciones
y delirios, esos fenómenos psíquicos nos permiten entender cómo funcionan esas zonas erógenas. Por lo
general, la desmesura patológica expone con claridad
lo que en la sanidad permanece velado.

¿Y qué dice el loco alegre de nuestra balada?

Que los maniquíes le hacen guiños y los semáforos le dan tres luces celestes. Ahí, en esos guiños, en

esas luces está la mirada como objeto pulsional. Algo extimio. Es decir, algo que al mismo tiempo es y no es parte del sujeto.

¿Y la voz?

Poco más adelante encontramos estos versos.

Salgamos a volar, querida mía.
Subite a mi ilusión súper-sport
y vamos a correr por las cornisas
con una golondrina en el motor.

De Vieytes nos aplauden: "¡Viva, viva!,
los locos que inventaron el amor"
Y un ángel y un soldado y una niña
nos dan un valsecito bailador

Ahí está la voz.

En los gritos de aquellos que desde Vieytes (antiguo nombre de la calle Ramón Carrillo donde se encuentra el hospital psiquiátrico José Tiburcio Borda) aplauden y gritan: "¡Viva! Los locos que inventaron el amor". También en el vals que les regalan un ángel, un soldado y una niña. Un vals que el personaje escucha.

Aunque estos fenómenos no aparecen sólo en las enfermedades psíquicas extremas. ¿Quién no escuchó ruidos en la casa o tuvo la sensación de escuchar que alguien lo llamaba? ¿Quién no creyó alguna vez que lo estaban mirando?

Pensemos en las primeras salidas luego del aislamiento al que nos sometió la pandemia. Caminatas en las que nuestra cuadra nos parecía diferente y mirábamos ventanas y balcones pensando que alguien podría estar observándonos. Así, de modo autónomo, nos avasallan las pulsiones, que bajo el dominio de las zonas erógenas serán siempre parciales. De ahí que la sexualidad humana sea tan caótica y no pueda organizarse en torno a una sola parte del cuerpo ni tenga un fin predeterminado. Podemos besarnos y obtener un enorme placer sin necesidad de pasar a más. El beso, la mirada o las caricias encuentran su propio disfrute y no buscan necesariamente la concreción del coito. Y, ya es sabido de sobra, mucho menos el coito busca la procreación. Es decir que, si bien la pulsión tiene un fin, ese fin no está dado por la biología. El fin es la satisfacción, algo que, como señalamos, nunca podrá alcanzarse por completo. No importa lo bien que alguien lo pase en un encuentro sexual siempre quedará un resto de insatisfacción, una ansiedad que no pudo resolverse por completo. Por eso sigue habiendo tensión psíquica, y esa tensión define nuestra condición como sujetos deseantes. Siempre querremos algo más.

Dijimos que el objeto es lo más variable.

A diferencia de otras especies, y lejos de lo que podría considerarse "natural", el objeto erótico de un hombre no siempre es una mujer ni el de una mujer un hombre. Es casi una obviedad decirlo aquí y ahora, en tiempos de lucha por la ampliación de derechos que reconoce las diversas formas de amar. Pero cuando Freud lo planteó a fines del siglo XIX hacerlo era una transgresión. El Psicoanálisis fue subversivo, lo sigue siendo aún, y por eso ha sido denostado tanto por las religiones como por los poderes dominantes, por lo general defensores del statu quo.

No fue fácil enfrentar las ideas extremas que querían adscribir al ser humano en un plan natural y demonizar a toda persona que no encajara en el mismo. Todavía hoy, en muchos lugares del mundo, sigue siendo una tarea complicada. No olvidemos que, hasta el comienzo de la primera década del siglo XXI, en algún estado conservador de los Estados Unidos la homosexualidad era considerada un delito.

Pensemos en esto y nos daremos cuenta de la revolución ideológica que generó el Psicoanálisis.

Por supuesto, todo pensador está atravesado por su época. Freud no fue la excepción y es comprensible que hoy cuestionemos algunas de sus definiciones. Él mismo lo hubiera hecho de vivir en este tiempo.

Hablemos ahora del cuarto elemento de la pulsión.

Los seres humanos debemos hacer frente a dos tipos distintos de fuentes de excitación. Una es de origen externo y, por lo tanto, es posible huir de ella. Podemos terminar con una relación que nos agobia, renunciar a trabajar con un jefe que nos maltrata, correr ante un animal que nos amenaza o abandonar una carrera que nos frustra. La otra fuente de excitación es interna, pulsional. De ella es imposible escapar y debemos esforzarnos por resolver la ansiedad que genera. A ese esfuerzo constante que suscita la pulsión lo denominamos perentoriedad.

Como hemos dicho, la pulsión nace en el cuerpo e impacta en la psiquis, donde genera una tensión que no desaparece nunca. Con eso debemos batallar. Esto somos. Seres recorridos por una energía que de manera permanente nos impone un esfuerzo psíquico y físico para encontrar algo de tranquilidad. Es un trabajo agotador. Cuesta hallar la paz. Por eso no extraña que muchas personas consideren que felicidad y paz son sinónimos.

Sin embargo, sabemos que ese estado de calma tan anhelado no puede sostenerse demasiado tiempo. Ni bien alcanzamos reposo aparece un nuevo estímulo que lo perturba. Somos seres en eterna lucha. Nuestro cuerpo, nuestra historia, las relaciones con los demás y las exigencias de la época que nos toca habitar generan desafíos constantes. Y, aun así, a pesar de ese escenario de eterno conflicto, seguimos luchando por alcanzar la felicidad.

* * *

Ha aparecido otra palabra clave: conflicto.

El Psicoanálisis se mueve en un mundo de conflictos. El conflicto entre lo que se quiere y lo que se debe, entre lo consciente y lo inconsciente, entre la realidad psíquica y la realidad objetiva.

Veamos un ejemplo.

Quien amamos nos abandona y de inmediato se ponen en movimiento nuestras contradicciones. Una parte de nosotros intenta aceptar lo que la realidad muestra: esa persona se ha ido y ya no nos quiere en su vida. Otra parte, en cambio, pretende negar esa evidencia y se aferra al deseo de seguir junto al ser amado. Entonces, dentro de nosotros se desata una batalla que genera reproches, culpa, enojo, angustia, miedo y esperanza. Todo al mismo tiempo. Emociones enmarañadas que nos llevan del dolor a la ilusión, de la ilusión al desengaño.

El concepto de pulsión no escapa al conflicto.

Dentro de cada uno de nosotros se enfrentan a diario dos fuerzas que libran una lucha permanente de la cual depende ni más ni menos que nuestra salud psíquica: la "pulsión de vida" y la "pulsión de muerte".

Quien haya visto *Star Wars* sabe de lo que hablo. La saga gira alrededor de la batalla que libran "La fuerza" y "El lado oscuro de la fuerza". De un lado el amor, el impulso constructivo; del otro el odio, la búsqueda del dominio y la destrucción.

Somos como esas galaxias, y en nuestro interior esas fuerzas pelean para ver cuál se apodera de nosotros.

La pulsión de vida nos empuja al encuentro con los demás, a la persecución de nuestros deseos, a la posibilidad de construir un vínculo de amor. Se trata de una energía que une, crea y construye. La pulsión de muerte, en cambio, nos empuja a un mundo desolado. Un mundo en ruinas.

Recuerdo una escena de la película *El pianista*, de Roman Polanski. Un film basado en hechos reales que cuenta la tragedia que tuvo que atravesar el pianista Wladyslaw Szpilman con la llegada del nazismo.

Szpilman era de origen judío y trabajaba en la radio de Varsovia cuando Alemania invadió Polonia. En ese momento comenzó su infierno. Tuvo que colocarse el brazalete que lo identificaba como miembro de la comunidad judía y fue obligado a trasladarse al gueto de Varsovia donde debió enfrentar el hambre, la injusticia, las torturas y humillaciones que los nazis les imponían.

Intentando escapar del horror, Szpilman se refugia en un edificio abandonado. Quebrado anímicamente por la pérdida de sus seres queridos, por el maltrato al que había sido sometido y a punto de morir de inanición, encuentra algunas latas de comida que ni siquiera logra abrir y sobrevive como puede. Hasta que es descubierto por un oficial alemán, el capitán Wilm Hosenfeld. Al verlo, el nazi comprende al instante que está frente a un judío. La muerte de Szpilman es segura. Para su sorpresa, el alemán le pregunta a qué se dedica y él responde que es pianista. Entonces, Hosenfeld lo guía hasta un piano en ruinas que hay en el lugar y le ordena que toque algo para él. Después de tanto tiempo sin hacer música, ese hombre que parecía un despojo se sienta frente al instrumento desafinado y toca la balada en Sol menor de Chopin.

Esta es la escena que quiero resaltar. Una escena magistral.

José Pablo Feinmann vio en esa escena la respuesta a un interrogante filosófico. Por mi parte, encuentro un ejemplo maravilloso para entender la guerra pulsional.

Volvamos a ese encuentro.

Allí están esos hombres, físicamente juntos, pero ideológicamente distantes. Enfrentados, la víctima y el verdugo, el músico y el militar, el arte y la barbarie, el amor y el odio, la pulsión de vida y la pulsión de muerte. Y en un instante algo ocurre. Dentro del genocida comienza a librarse la lucha entre estas dos fuerzas. Podemos percibirlo. Lo vemos en sus ojos, en la mirada que pasa de la indiferencia a la emoción a medida que las notas que escucha conmueven algo en su interior. Es clara la batalla que están librando su pulsión de vida y su pulsión de muerte. Una quiere matar a ese judío desgarbado, la otra agradece al artista genial por ese instante divino en medio del infierno. Finalmente, el nazi le perdona la vida. No sólo no lo delata, sino que lo ayuda a permanecer oculto y cada tanto le lleva comida al escondite para que no muera. A cambio, Szpilman toca el piano para él durante sus encuentros.

Al borde de la rendición, cuando los alemanes se ven forzados a abandonar Varsovia, Hosenfeld va a despedirse del pianista. Le deja su abrigo para que se cubra del frío y la promesa de que lo escuchará cuando vuelva a tocar en la radio polaca.

Los nazis se van. Szpilman abandona su refugio y se encuentra otra vez cara a cara con la pulsión de muerte. Varsovia, su amada ciudad, no es más que una suma de escombros y cadáveres. El lado oscuro de la fuerza parece haber triunfado. Sin embargo, al final de la película se nos informa que aquel oficial nazi murió en 1952 en un campo de prisioneros de guerra soviético. El pianista, en cambio, sobrevivió, continuó regalando su talento y falleció en el año 2000.

Siempre me impactó aquella escena en que el nazi y el judío se encuentran. Uno tiene un revólver; el otro, un piano. Y, en medio del horror, pulsión de vida y pulsión de muerte se entrelazan de una manera única, como siempre. Porque, aunque en diferentes proporciones, estas pulsiones están siempre fusionadas. Como en los círculos que representan el ying y el yang, las pulsiones nunca se manifiestan en estado puro. En cada acto vital habrá un halo de muerte, y en el acto más feroz podremos encontrar un resto de erotismo.

Somos el continente de una constante lucha. Una guerra que tendrá mucho que ver con nuestra posibilidad de ser felices.

* * *

En una primera mirada nos sentimos tentados a pensar que la pulsión de muerte es siempre algo malo y, en cambio, la pulsión de vida es siempre buena. Se trata de una mirada ingenua. En Psicoanálisis nada es tan terminante como parece.

Lacan nos desconcierta y dice que el ser humano sólo vive porque "goza", es decir que hay en ese sufrimiento inherente a la especie humana algo que justifica la vida. Ya hablaremos de ese término, goce, y su importancia teórica.

Como dijimos, la pulsión de muerte es fundamental para el avance de la humanidad porque está en el origen mismo de la ciencia, en lo que hemos llamado "pulsión epistemofílica".

Pensemos en Einstein.

Era un pacifista. Ignoraba que estaba generando un conocimiento que llevaría a la aniquilación y a la muerte. No imaginaba Hiroshima y Nagasaki. Desconocía cómo serían utilizados sus descubrimientos. A veces, hasta los inventos más brillantes caen en manos de la pulsión de muerte. La famosa frase que sostiene que el camino hacia el infierno está lleno de buenas intenciones se aplica a estos casos.

Albert Einstein amaba la paz y nunca participó en el "Proyecto Manhattan", el grupo de científicos encargado de desarrollar la bomba atómica. Aun así, su teoría del átomo fue determinante para la construcción del arma que mató a miles de personas. Por eso, al ver el horror causado por aquellas bombas, confesó: *Me arrepiento mucho [...] creo que fue una gran desgracia.*

Según la visión mitológica, al igual que Jehová, Prometeo creó a los seres humanos con barro. Más tarde engañó a los dioses y robó el fuego sagrado del Olimpo para darlo a sus criaturas. El fuego sagrado representa la vida y el conocimiento. Algo parecido imaginó Mary Shelley cuando escribió su maravillosa novela: *Frankenstein o el moderno Prometeo*. Shelley construyó un genio que en su obsesión por crear vida termina causando sufrimiento, angustia, rechazo y dolor. Algo que no ocurre sólo en los mitos o la ficción.

¿Cuántas veces detrás del mandato bien intencionado de un padre se esconde el germen de la desdicha de su hijo?

Disfraces de la pulsión de muerte. Disfraces que a veces toman la forma de un exceso de control que simula cuidado, de los celos que se fingen amor, o de la conducta posesiva que se expone como actos de protección.

La pulsión de muerte es engañosa y subyace en muchos gestos que aparentan ser generosos.

Imagino que Freud debe de haber percibido que el brillante Albert Einstein –al igual que el doctor Víctor Frankenstein– estaba coqueteando con algo difícil de manejar que, teniendo en cuenta las fuerzas oscuras que habitan en la especie humana, podía volverse muy peligroso.

* * *

Mi suegro era un hombre que rehuía el tema de la muerte. Sin embargo, cuando los dolores físicos y psíquicos de su enfermedad lo arrinconaron, dijo basta.

Lo hablamos. Éramos amigos. Me pidió perdón. Le pregunté por qué. Me impactó su respuesta: *porque me tengo que ir.*

Fue un momento raro. Como él mismo lo describió, *horrible, pero hermoso.* Una experiencia tan intensa, tan profunda, que mentiría si no reconociera que en ese instante final nos recorría la vida y el amor de la amistad.

Conversamos, nos reímos, nos estrechamos las manos con fuerza. Me dejó algunos recados, me sonrió, le di un beso y nos despedimos. Estaba lúcido, casi feliz, aunque muy triste. Al día siguiente murió.

Me enorgulleció su forma de morir. No pude menos que recordar el final de la vida de Freud.

Como es sabido, Sigmund Freud padecía de un cáncer de paladar. Su mejor amigo, el cigarro, sería el causante de su doloroso final. Hay relaciones de amor que tienen un precio muy alto. Un precio que tal vez no deberíamos pagar. Relaciones en que la pulsión de muerte vence a la pulsión de vida, se desmesura y genera el costo de un sufrimiento innecesario. Para evitarlo es indispensable terminar con algunos vínculos "amados".

No todos los amores merecen ser vividos.

Negado a tomar analgésicos para no perder la lucidez, Freud sufrió dolores tremendos. Dolores que él decidiría hasta cuándo soportar. Así lo convino con el doctor Max Schur, un médico austríaco que le había sido recomendado por su amiga Marie Bonaparte.

Como contamos alguna vez, una tarde sacó de su biblioteca *La piel de zapa*, de Balzac, y decidió que sería el último libro que leería. Algunos días después, al concluir la lectura, hizo llamar al médico y mirándolo a los ojos, le dijo:

Seguro que usted recuerda nuestra conversación y entonces prometió no abandonarme cuando llegara el momento. Ahora sólo queda la tortura, que ya no tiene sentido.

Schur, que además era psicoanalista, fiel al acuerdo que habían sellado hacía años, le aplicó clorhidrato de morfina. Dos dosis. Freud murió a las tres de la mañana del día siguiente. Según su amigo y biógrafo

Ernest Jones: *ningún hombre amó tanto la vida y ninguno temió menos la muerte.*

Asunto polémico.

¿Morir con dignidad es respetar el valor de la vida o entregarse resignado a la pulsión de muerte?

En una de sus aristas, la serie *Shtisel* presenta el siguiente conflicto: una mujer embarazada, deseante de su hijo y enamorada de su compañero es advertida de que no podrá soportar el parto. A causa de una patología morirá si tiene ese hijo. De todos modos, ella avanza con el embarazo. Decide parir. Dar vida y morir: ¿Pulsión de vida o pulsión de muerte?

No siempre las cosas son tan claras.

Sólo diré que, al despedirnos, en los ojos de mi suegro, mi amigo, vi una chispa de felicidad.

* * *

Hay hechos puntuales que nos ponen ante un verdadero conflicto hegeliano.

Hegel sostuvo que sólo puede considerarse humano quien sea capaz de arriesgar su vida por algo que, para la continuidad de la existencia biológica, no tiene ningún valor.

Un león sólo se enfrenta a otro león o a un elefante cuando su vida está en riesgo, cuando debe sostener su lugar en la manada o cuando tiene hambre. Un animal únicamente compromete su vida para no morir.

Hegel dirá que el ser humano es diferente. Un ser humano debe ser capaz de arriesgar su vida por defender cosas que no necesita para subsistir: la libertad, el honor o una persona amada.

Es lo que nos diferencia: la capacidad de exponernos al riesgo por algo que en términos naturales no tiene ninguna importancia. Eso ocurre porque no nos mueve el instinto de conservación, sino una complicada trama pulsional.

Recordemos la icónica imagen de aquel hombre parado delante de los tanques intentando frenar su avance. Podríamos decir que lo que en realidad intentaba frenar era el avance de la pulsión de muerte.

Hay algo en ese gesto heroico que tiene que ver con la trascendencia, con el deseo de reconocimiento, con el valor de la libertad, es decir, con la pulsión de vida. Aunque su actitud haya coqueteado de un modo tan cercano con la muerte.

Ya lo hemos dicho: no es posible separar por completo estas pulsiones. Lo sabemos. Está en nuestro origen. En la ambivalencia de amor y odio que se tiene por los padres.

Pensemos en las dos posturas tomadas por Freud.

A Einstein lo insta a tener en cuenta la pulsión de muerte y al poeta lo invita a abrazar la pulsión de vida. Una mirada parece pesimista y la otra vagamente optimista. En realidad, ni una cosa ni la otra. El pesimismo y el optimismo son dos caras de un error. Pensar que todo saldrá siempre mal es tan erróneo como creer que saldrá siempre bien. Lejos de eso, Freud actúa con realismo, teniendo en cuenta la dualidad pulsional y reconociendo que somos seres en permanente conflicto. Nuestra psiquis no es una unidad. No somos "individuos" (indivisos). Por el contrario, somos sujetos escindidos y ambivalentes y lo que es placentero para una parte de nosotros resulta doloroso para otra. Lo que satisface a la pulsión de muerte, lastima nuestros aspectos más sanos. Y la pulsión de muerte siempre exige su pago.

Por eso es tan difícil ser feliz.

3. NO TODOS LOS AMIGOS VALEN LA PENA

Cuando di mis primeros pasos en el estudio de la música hubo algo que me resultó difícil de comprender. ¿Por qué cuando ubicaba el dedo en el segundo traste de la segunda cuerda de la guitarra, a veces la profesora decía que estaba tocando un Do sostenido y otras un Re bemol? Era el mismo instrumento, la misma cuerda e incluso el mismo dedo. Entonces, ¿dónde radicaba la diferencia?

Al tiempo supe que se trataba de una "enarmonía", es decir, de dos notas que suenan igual, pero se llaman distinto. Sólo años más tarde, estudiando armonía y composición, comprendí por qué esas dos notas, a pesar de tener igual sonido, llevaban nombres diferentes.

Las cosas suelen ser engañosas, y no sólo en la música. Muchas veces en la vida creemos estar frente a un Do sostenido cuando en realidad estamos ante un

Re bemol. Porque somos humanos. Los animales no tienen este tipo de confusiones. Nosotros sí. Porque habitamos el mundo del lenguaje y para el ser que habla nada es natural y hasta lo simple se vuelve confuso.

Con las palabras ocurre lo mismo que con las notas musicales. Creemos comprender lo que escuchamos cuando lo que se nos está diciendo es algo completamente distinto.

Existe una expresión para referirse a esto: "falsos amigos".

Un término que se utiliza para aludir a algunas palabras que pertenecen a idiomas distintos y por su semejanza sonora o de escritura pueden generar confusiones. Como la enarmonía. Suenan parecidas, pero aluden a cosas diferentes.

Por ejemplo, la palabra alemana "bote" no remite a un navío sino a un mensajero. En italiano "ciao" también significa hola, aunque nos remita a "chau" (adiós), y "guardare" no es guardar sino mirar.

Pero ni siquiera es necesario salir del propio idioma para encontrar estas confusiones. "Pródigo" y "prodigio" se parecen tanto que muchas veces escuchamos a alguien referirse al "hijo pródigo" queriendo subrayar que se trata del mejor, del más virtuoso, cuando en realidad la parábola bíblica remite al hijo que cayó en un acto de prodigalidad, es decir, que malgastó su dinero y sus pertenencias de manera irresponsable.

Por su pertinencia al Psicoanálisis, este libro está plagado de "falsos amigos". Palabras que, dado el sentido que tienen en el uso cotidiano, el lector puede interpretar de manera errónea: melancolía, goce, masculino y femenino.

Para reducir el malentendido, cosa imposible de eliminar por completo, en la medida en que aparezcan denunciaremos a esos falsos amigos que pueden complicarnos el camino.

Comencemos con una palabra que desde el punto de vista teórico tiene un sentido muy distinto al que le damos en su empleo habitual.

GOCE

Ezequiel es gerente en un banco. Cada mañana se ducha, se pone un traje, una corbata, se perfuma y va a su trabajo. Es una persona agradable y reconocida por sus logros. Pero los viernes, al llegar a su casa luego de la semana laboral, guarda el traje, se pone el mismo pijama de siempre y se transforma.

El gerente amable y elegante se convierte en un hombre desarreglado y depresivo que no se baña ni se afeita y cuya única actividad de fin de semana es pegarse atracones de comida chatarra, cigarrillos y alcohol hasta quedar en un estado lamentable. Hasta que llega el lunes y el ciclo vuelve a comenzar.

Marisa es médica y dirige su área en un hospital de la provincia de Buenos Aires. Tiene cuarenta y seis años y está separada desde hace tres. En el momento de la ruptura de su pareja tomó la decisión de guardar todos los mensajes que tenía de su exmarido, imprimir las fotos donde estaban juntos y cada mail que él le había escrito desde el día en que se conocieron. Encuadernó todo ese material y armó un libro que cuenta paso a paso aquella historia de amor. Un libro que repasa casi a diario mientras escucha los mensajes y llora por la pérdida de su ilusión.

Todos los jueves por la tarde Anabela va desde su casa en Saavedra hasta el cementerio de Villegas, en La Matanza. Son varios colectivos y más de dos horas de viaje. Al llegar, en el mismo puesto compra las mismas flores: un ramo de "siemprevivas". Luego camina entre las tumbas los casi mil metros que la separan del pabellón donde se encuentra el cuerpo de su madre. Una vez ahí cumple el rito de cada semana: tira las flores viejas, lava el florero en las canillas cercanas y coloca el ramo nuevo. Limpia con un trapo las cuatro placas de bronce que mandó colocar, una por cada aniversario. Al concluir se sienta en el piso, con la espalda apoyada sobre el nicho que contiene los restos de su madre. A veces llora, a veces no. Y durante horas permanece allí, inmóvil, recordando el día en que la mujer murió en un accidente de auto cuando iba a cuidar a su hija.

Estas viñetas clínicas, retazos de historia de algunos de mis pacientes, pueden darnos una comprensión acerca de a qué nos referimos cuando hablamos de goce.

La ingesta desmesurada de Ezequiel, la melancolía de Marisa o la culpa de Anabela exponen qué ocurre cuando aparece el goce, ese placer en el dolor que busca satisfacer las exigencias de la pulsión de muerte.

Aunque no siempre los síntomas son tan extremos.

El goce también recorre a la persona que permanece junto a una pareja con la que no es feliz, al hombre que no puede frenar los pensamientos que lo atormentan, a la joven que estudia algo que no quiere para satisfacer a sus padres, a quien repite elecciones que le hacen daño o a la persona que, por miedo o vergüenza, se priva de hacer lo que desea.

En mis libros anteriores hice referencia al goce. No es posible eludir el tema cuando hablamos de Psicoanálisis. Junto con las nociones de Inconsciente y pulsión es uno de los pilares teóricos que nos diferencia de otras modalidades terapéuticas.

Los analistas no apuntamos a fortalecer la personalidad del paciente, tampoco intervenimos demasiado en el interior de sus sistemas familiares, no realizamos constelaciones ni recurrimos a la hipnosis o los encuentros catárticos. Los analistas esperamos la aparición del Inconsciente y leemos en los dichos y actos de nuestros pacientes cómo se manifiestan sus pulsiones para comprender cómo goza. Porque toda persona se define por su manera de gozar. Recordemos que Lacan sostuvo que el ser humano vive porque goza. Es una consecuencia inevitable del hablante. Todos gozamos. Entonces, aclaremos qué es el goce.

Retomemos la idea de que toda palabra encuentra su sentido por oposición con otra y digamos que la palabra que se opone a goce es placer.

Lejos de la concepción habitual que las considera sinónimos, el goce y el placer se excluyen. El goce no da placer. Por el contrario, el goce se regodea en el dolor.

La psiquis recibe estímulos permanentes, algunos externos, otros generados dentro de nosotros. Al hablar de pulsión dijimos que de los primeros se puede huir, en cambio no se puede escapar de los estímulos internos. Tanto unos como otros producen una tensión que, si no se resuelve, se incrementa con cada nuevo estímulo. Incluso los que generan nuestros propios pensamientos cuando quedamos capturados por algún tema que no podemos resolver. Pensamientos que no nos dejan dormir e invaden nuestras actividades durante el tiempo de vigilia.

Ya explicamos cómo la psiquis intenta descargar ese exceso de tensión para mantenerlo en un nivel soportable. A este mecanismo lo llamamos "Principio de placer". ¿Qué pretende este principio? Poner un punto de basta. Señalar: no más de acá. Es decir, ser una barrera que limita al placer. Porque, para el hablante, más placer no es placer, es goce. Es dolor. Es destrucción.

¿Por qué denominamos "Principio de placer" a la pretensión de encontrar un equilibrio tensional (homeostasis)? Porque el placer es el resultado que se obtiene cuando el aparato psíquico logra reducir el exceso de tensión generado por los estímulos.

Imaginemos una escena.

Dos personas se encuentran. Se seducen, se besan y acarician. Desde sus zonas erógenas nace un estímulo que impacta en la psiquis y empieza a tensionarla. La pareja sigue adelante. Se desnudan y continúan con el "juego previo". Llega el sexo oral y la penetración. Cambio de posiciones y movimientos que se intensifican. Más y más tensión. Hasta que la psiquis ya no lo soporta y demanda una descarga: el orgasmo. Una experiencia que, aunque parezca extraño, tiene algo de displacer.

Es comprensible.

Después de todo nace en un punto de máxima tensión. Basta mirar los gestos de los amantes, la compulsión de sus cuerpos, las manos que aprietan, los dientes que muerden, la respiración que se agita y los sonidos que exponen esa cuota de dolor que los recorre. Hasta que por fin se produce el alivio. El orgasmo llega, la tensión se reduce, los amantes se relajan y de a poco recuperan el ritmo cardíaco y el equilibrio.

¿Dónde está el goce en esta experiencia? En la máxima tensión. ¿Dónde el placer? En la descarga. Una descarga indispensable para recuperar un estado de relajación. Por eso las personas que sufren de anorgasmia o impotencia suelen llorar, enojarse o pelear después del acto sexual. Porque de algún modo deben liberar esa tensión acumulada que genera un displacer que la psiquis no puede soportar.

El goce aparece cuando la excitación psíquica aumenta más allá de lo soportable. El placer surge cuando disminuye. El placer tiene un límite, el goce es desmesurado. La desmesura que lastima los fines de semana de Ezequiel, las noches padecientes de Marisa y los jueves mortíferos de Anabela.

Vayamos un paso más lejos y digamos que no sólo lastima, también enferma. Como enferma esta cultura del consumo desmedido que nos impulsa a "ir por todo", a tenerlo todo, negando que todo no se puede. Porque no sólo habitamos la era de la tecnología, del celular y las redes sociales, sino también la época de la desmesura. Una época perversa que impone preceptos que no pueden cumplirse sin pagar el precio del sufrimiento. Ya volveremos con más énfasis sobre este asunto para pensar el mandato del disfrute, palabra peligrosa tan de moda en estos tiempos.

Como vemos, lejos de ser sinónimos, placer y goce se excluyen. Son conceptos irreconciliables. Donde hay placer no hay goce. Donde hay goce no hay placer. Entonces, ¿por qué la palabra "goce" se asocia tanto al placer? No es extraño que suceda. Acaso, ¿alguien puede negar que en esa tensión extrema los amantes están disfrutando, a veces tanto que hacen todo lo posible por retardar el orgasmo? Esta experiencia tan potente parece derribar nuestra hipótesis de que la psiquis desea reducir cuanto antes la ansiedad.

Ocurre que en el goce también se encuentra un deleite. Se trata de una experiencia con dos caras. Es tanto agrado como sufrimiento. ¿Cómo es eso posible? ¿Cómo puede encontrarse disfrute en el dolor?

Al hablar de pulsión señalamos que uno de sus elementos era el fin: la satisfacción. Además, diferenciamos la dualidad pulsional: pulsión de vida-pulsión de muerte. Ahora podemos avanzar y decir que el placer es el punto donde se satisface algo de la pulsión de vida y el goce es el momento en que la pulsión de muerte encuentra un poco de satisfacción. ¿Por qué un poco? Porque todo no se puede. Como adelantamos, la pulsión jamás se satisface por completo. Al menos casi nunca, por suerte.

Sin embargo, hay una experiencia límite donde la pulsión de muerte se satisface por completo: el suicidio. Porque mientras que "el principio de placer", ligado a la pulsión de vida, busca mantener un nivel de tensión soportable, el "principio de nirvana", del lado de la pulsión de muerte, busca reducir esa tensión a cero. Es decir: la muerte.

* * *

En la película *The Whale* se cuenta la historia de Charlie, un profesor de literatura inglesa que se separó de su mujer y se distanció de su hija al enamorarse de un alumno con quien estuvo en pareja hasta que murió. A partir de ese momento, consciente o inconscientemente, Charlie decide suicidarse. No siempre el suicidio se produce aquí y ahora. Hay quienes se sueltan de la vida de a poco. Se matan quedándose en un vínculo que los destruye día a día o entregándose a una adicción que terminará matándolos. En este caso, el protagonista, como mi paciente Ezequiel, lo hace con la comida. Se entrega a ingestas desmesuradas y con ellas satisface esa pulsión de muerte ante la que se ha rendido para siempre.

En la película podemos reconocer las dos caras del goce al ver cómo Charlie disfruta de ese instante en que se destruye. Como empuja dentro de su boca los pedazos de pizza y bebe hasta rebalsar.

Un detalle más.

Un célebre aforismo de Lacan sostiene que *el deseo es el deseo del otro*. Es decir que, desde el comienzo, desde su misma definición, el deseo implica a otro. Siempre hay otro que acompaña al deseante, aunque ese otro muchas veces sólo habite en su fantasía.

En cambio, el goce no es del otro, es de uno. Para decirlo con toda propiedad: el goce es el goce del cuerpo. Un sujeto desea. Sólo un cuerpo puede gozar. El deseo nos contacta con los demás y hace lazo social. El goce, en cambio, nos aísla. Alguien que desea se perfuma, se cambia, llama a un amigo o una pareja y sale a comer o a bailar. En cambio, quien está en lo más hondo de su depresión baja todas las cortinas, apaga las luces y se niega a atender el teléfono. Se aísla, porque su goce es exclusivamente suyo y no puede compartirlo.

Algo que también se ve en la película.

Charlie da clases de literatura por internet. Es su momento de estar con otros, de compartir su conocimiento, de enseñar lo que sabe: es un instante en que puede contactarse con el deseo. Habla con sus alumnos, los corrige, bromea. Sin embargo, para que ellos no puedan verlo, les miente y les dice que su computadora tiene la cámara rota. ¿Qué logra con este artilugio? Esconder su goce, porque eso es algo que sólo le incumbe a él y a su cuerpo.

El goce nos empuja a ir en busca de dolores que en apariencia no tienen sentido. Aunque ahora sabemos que existe un motivo: satisfacer la pulsión de muerte. Y esos dolores no cesarán a menos que hagamos el esfuerzo de renunciar a esa satisfacción patológica. Pero no seamos ingenuos: no es un mero ejercicio de la voluntad. Para lograr esa renuncia deberemos enfrentarnos con la historia y visitar los lugares más oscuros donde yace la razón de nuestros traumas.

En el intento de transmitir un concepto tan complejo, estoy dejando de lado algo que es crucial para el Psicoanálisis: no hay un solo tipo de goce. Por eso no deberíamos hablar del goce sino de "los goces" (goce del Otro, goce fálico, objeto "a") pero en este libro sólo pretendo dejar en claro la idea de esta oposición entre placer y goce. Placer que se obtiene, por ejemplo, al lograr lo que se desea, aunque como hemos aclarado, el deseo nunca se alcanza por completo. Placer que, como ya veremos, se mueve en el mundo del lenguaje. El goce no. El goce acecha en silencio. En la búsqueda incesante de que el deseo se satisfaga en su totalidad, que la tensión desaparezca por entero y ya no quede nada por lo que valga la pena seguir viviendo.

TRAUMA

Para comprender de qué hablamos cuando nos referimos a un trauma debemos diferenciar la angustia, el dolor y el horror.

La angustia (al menos en una de sus versiones, llamada "angustia señal") es una emoción anticipatoria. Un sentimiento que genera sensaciones incómodas, pero que surge con un propósito. La angustia señal le avisa a nuestra psiquis que debe estar alerta y disponer los mecanismos de defensa porque está a punto de recibir un golpe emocional.

Imaginemos que alguien que está trabajando recibe un llamado que le indica que debe ir con urgencia a la terapia intensiva de un hospital. Esa persona va a angustiarse. Aunque todavía no sepa qué pasó ya ha registrado el estímulo y se tensiona. La psiquis se pone atenta y se dispone a movilizar sus mecanismos de defensa. Así, en ese estado de alerta, la persona llega al hospital donde se entera de qué está pasando. Si el panorama que encuentra es grave se sentirá muy mal, pero su emoción ya no será la angustia sino el dolor. Porque la angustia es un sentimiento que aparece antes de que algo ocurra y sirve para movilizar los mecanismos de defensa. El dolor, en cambio, es un sentimiento que surge después de que algo ocurrió y expone la herida que nos ha generado perder algo que era importante para nosotros.

Pero, ¿qué ocurre cuando no estuvo la angustia para prevenirnos?

Lo que ocurre es el horror.

Daniel acompañó durante años la depresión de Adela, su madre.

El abandono del esposo había sumido a la mujer en un estado melancólico del que no pudo salir jamás.

Al principio, Daniel creyó que el encierro, el llanto y el abandono eran un efecto inevitable del duelo por la pérdida de su matrimonio. Con el tiempo la mujer retomó a medias su trabajo y su vida social. Iba al teatro o salía a comer con sus amigos. Así, parecía retomar la senda. Aunque cada tanto llamaba a su hijo y desplegaba un discurso tremendo en que lo agredía y amenazaba con matarse. Daniel entraba en estados de desesperación y angustia ante la posibilidad de que su madre se suicidara.

Sin embargo, era común que al día siguiente Adela lo llamara para hablar con él. La ira había pasado y le hablaba con dulzura. Reía y se manifestaba de buen humor.

Años de pesadilla en que este péndulo no se detenía. Por eso, cada vez que sonaba el teléfono el corazón de Daniel se aceleraba. Hasta que un día, recibió un llamado desde un número que desconocía. Atendió relajado y sin preparación alguna. Era la vecina de su madre que le informaba que Adela se había arrojado por las escaleras.

—¿Está muerta? —le preguntó.

—Sí. Está muerta.

Cuando tuvimos la sesión le pregunté qué sintió en ese momento. Me respondió conmovido.

—Cuando la vecina de mi madre me llamó para decirme lo que había pasado recuerdo que hubo sólo cuerpo. Me apoyé contra la pared de mi habitación para buscar alguna referencia y me fui deslizando hacia abajo hasta quedar sentado en el piso. Mi mujer vino corriendo y me abrazó. Yo no podía reaccionar, sólo gritaba: "Lo hizo… la hija de puta lo hizo". Y mi mujer me acariciaba y me decía: "Sí, Dani. Lo hizo. Ya está" –pausa–. Repetimos esas mismas frases muchas veces, como si fuera un mantra. No podía moverme. El tiempo pasaba y yo seguía en el piso, apoyado en la pared y sin soltar el teléfono. Y en un momento… –se interrumpe.

–¿Qué? Seguí hablando.

–Parecerá una locura, pero tengo el recuerdo de estar de pie, mirándome a mí mismo, en el piso, gritando.

La pulsión. La mirada imposible que le volvía desde afuera. Una alucinación fruto de la lucha entre la realidad y la incomprensión. Quizás, como Daniel pensaba, fue un momento de locura momentánea provocada por el golpe emocional que había recibido. Tal vez fue un gesto de defensa. El deseo de ser el que mira y no el que padece.

Eso es el horror.

Una sensación que aparece cuando se recibe un golpe psíquico sin estar preparados. Entonces, ese golpe nos derrumba y nos quedamos sin palabras. Y en el mundo de los humanos, cuando no hay palabras no hay nada. Sólo un abismo de silencio que nos captura y no nos suelta.

Nietzsche dijo que debíamos tener cuidado al mirar mucho el abismo porque, después de un tiempo, ya es el abismo el que nos mira a nosotros.

La experiencia traumática es todavía peor porque ni siquiera hay un nosotros y un abismo. Nosotros somos ese abismo de silencio y horror. Y todo analista debe tener el coraje de asomarse al abismo de sus pacientes. Como quien arroja sogas dentro de un pozo intentando ayudar a alguien que ha caído, el analista arroja palabras, preguntas, porque sabe que, si el paciente produce asociaciones o intenta una respuesta, se abre la posibilidad de sacarlo de ese abismo y llevarlo a un lugar diferente. Un lugar de palabras donde pueda resolver su padecimiento.

No es una tarea fácil porque en ese abismo habita un enemigo difícil de enfrentar: el goce. Territorio silencioso y desmesurado que expulsa las palabras e invita a disfrutar del dolor. Se trata de una invitación secreta, inconsciente. En la mayoría de los casos el paciente no percibe que está gozando y es el analista quien debe tener la capacidad de detectar lo que ocurre y comprometerlo con el motivo de su padecer: "¿Por qué se hace esto?", "¿Por qué permanece en un vínculo en el que la pasa tan mal?". Preguntas, silencios, momentos de corte de sesión. Cada una de esas intervenciones que tenemos a nuestro alcance buscan que la persona que nos consulta se haga cargo de que es parte del infierno que padece; de que algo tiene que ver con aquello de lo que se queja.

Es necesario que lo admita y haga lo posible por resistir ese impulso destructivo porque, como señaló Lacan: *El goce es aquello que no sirve para nada.*

4. CODA A FREUD

En 1936, cuatro años después de aquel intercambio entre Einstein y Freud del que hablamos hace algunas páginas, Freud cumplía ochenta años.

No era un buen momento para él. Se encontraba amargado por el cáncer y por la finitud. Amargado porque Viena le era hostil y porque estaba en las vísperas del exilio. Pero por sobre todas las cosas le molestaba cumplir años. Protestaba con inteligencia. Es decir, filosofaba. Cuando le preguntaron cómo se sentía, contestó: *Cómo se siente un hombre de ochenta años no es un motivo de conversación.*

Es probable que su rabia fuera angustia existencial. La rebelión que se siente cuando se comprueba que la vida es injusta y que, como él mismo lo había sentenciado, la felicidad no es algo que parezca estar en los planes del universo.

Al enterarse de que su discípulo y futuro biógrafo, Ernest Jones, le estaba preparando una fiesta sorpresa no dudó en escribirle.

ha llegado hasta mí la información de que usted está preparando una celebración especial para mis ochenta años. Aparte de la posibilidad de que puede no llegar a ocurrir y de mi convicción de que un telegrama de condolencia sería la única reacción adecuada para un hecho así, soy de la opinión de que ni la situación que impera en los círculos analíticos, ni el estado del mundo justifican celebración alguna.

[...] ¿Cuál es el significado secreto de esto de celebrar las cifras redondas de la edad avanzada? Es seguramente una medición del triunfo sobre lo transitorio de la vida, que, como nunca olvidamos, está dispuesta a devorarnos a todos.

[...] Pero la celebración evidentemente tiene sentido sólo cuando el sobreviviente puede, a despecho de todas las heridas y cicatrices, intervenir en ella como una persona sana; pierde este sentido cuando se trata de un inválido tal, que de ninguna manera se puede hablar de festejos comunes con él. [...] Preferiría que mi octogésimo cumpleaños fuera considerado como asunto privado.

Freud estaba enojado, muriente, y no quería que nadie lo viera en ese estado. Arrastraba pérdidas imposibles de superar y el nazismo lo obligaba a abandonar su hogar, su consultorio y una vida a la que ya le quedaba poco.

Pero a esa altura era un hombre tan famoso que resultaba imposible que la fecha pasara desapercibida. Los días previos comenzaron a llegar a su casa decenas de flores y un centenar de cartas. Una de ellas fue especial y le insufló un entusiasmo que hacía tiempo no sentía. El remitente era alguien con quien Freud no se escribía desde hacía unos años: Albert Einstein.

La carta estaba fechada el 21 de abril de 1936, y exponía un cambio en la postura del físico con respecto al Psicoanálisis.

Estimado señor Freud: Me siento feliz de que a esta generación le haya tocado en suerte la oportunidad de expresar su respeto y su gratitud a usted, que es uno de sus más grandes maestros. Seguramente no le fue fácil lograr que la gente profana, escéptica como es, haya llegado a hacerse al respecto un juicio independiente. Hasta hace poco, lo único que me era posible captar era la fuerza especulativa de sus concepciones, a la vez que la enorme influencia ejercida sobre la concepción del mundo de nuestra presente era, sin estar en condiciones de hacerme un juicio independiente acerca del grado de verdad que contenía. Pero hace muy poco tuve oportunidad de oír algunas cosas, no muy importantes en sí mismas, que a mi juicio descartan toda interpretación que no sea la que usted ofrece en su teoría de la represión. Me sentí encantado de haber dado con esas cosas, ya que siempre es agradable ver que una grande y hermosa concepción concuerda con la realidad. Con mis cordiales deseos y mi profundo respeto. Suyo, Albert Einstein. P.D. Por favor, no conteste usted a esta carta. El placer que me produce la oportunidad que tengo de escribirle ya es suficiente para mí.

Al leer estas líneas, Freud recibió con sorpresa el giro que había dado Einstein en su recelo al Psicoanálisis y tuvo el deseo de responderle. La carta está fechada el 3 de mayo, tres días antes de su cumpleaños.

Estimado Einstein: En vano objeta usted la idea de que yo conteste a su muy amable carta.

Realmente tengo que decirle cuán contento me he sentido al comprobar el cambio registrado en su opinión, o al menos el comienzo de un cambio. Siempre he sabido, por supuesto, que usted me "admiraba" por cortesía y creía muy poco en cualquier aspecto de mis doctrinas, si bien me he estado preguntando a menudo qué es lo que en realidad se puede admirar en ellas si no son verdaderas, es decir, si no contienen una gran parte de verdad. De paso, ¿no cree usted que yo hubiera sido tratado mejor si mis doctrinas contuvieran un porcentaje mayor de error y de extravagancias? Yo le llevo a usted tantos años que puedo permitirme la esperanza de contarle entre mis "partidarios" cuando usted haya alcanzado mi edad. Como yo no podré enterarme de ello, estoy saboreando ya esa satisfacción. Usted sabe lo que ahora está cruzando por mi mente: "En el presentimiento de esa gran alegría, disfruto ahora del instante supremo, etcétera".

Con cariño y admiración inmutables, suyo, *Freud.*

La frase última citada por Freud pertenece al acto V de *Fausto* de Goethe.

Sigmund Freud estaba herido.

Sabía que se moría. Sabía cuánto había pagado por su pasión por el conocimiento. Sabía que el nazismo arreciaba y que a su hija se la había llevado una pandemia. Sin embargo, ahora sabía también que un hombre único, quizás uno de los más inteligentes de la historia de la humanidad, lo admiraba y lo respetaba. Y aun con la boca rota por el cáncer, Freud conquistó un gesto que pareció una media sonrisa y sintió que visitaba ese territorio mítico en el que por un instante se olvidan las ausencias y los dolores.

Freud se sintió reconocido por Einstein y su cumpleaños número ochenta, ese que no quería celebrar, cambió de apariencia. Al menos por un momento se sintió feliz. Con esa felicidad a la que puede aspirar un ser humano.

Una felicidad en falta. La felicidad del padeciente. Ese momento breve, único y supremo.

III

LA FELICIDAD
DEPENDE DE UNO

Uno busca lleno de esperanzas
el camino que los sueños prometieron a sus ansias.
ENRIQUE SANTOS DISCÉPOLO

1. ¿DEPENDE DE UNO?

Ya hablamos de la felicidad nostálgica. Esa que se busca en el pasado. También de la felicidad postergada, la que se aferra a la esperanza y se proyecta hacia el futuro. Además, nos preguntamos si la felicidad puede estar en un lugar, si hay un territorio para la dicha.

Continuemos con estas reflexiones.

Hay dos lugares comunes que aluden a la felicidad que conviene revisar: "La felicidad depende de uno" y "la felicidad está en uno". Frases que, aunque parezcan similares, son bien distintas (falsas amigas, como dijimos antes).

Como toda sensación, la felicidad es una experiencia que se percibe dentro de uno mismo, lo que parece avalar la idea de que la felicidad está en uno. Pero esto no implica que la felicidad dependa sólo de nosotros.

Todo sujeto es responsable de sus emociones, actitudes y sus momentos de dicha. Freud sostuvo que debemos hacernos cargo, incluso, del contenido de nuestros sueños. Entonces, es claro que la posibilidad de experimentar un momento feliz dependerá de cada persona en particular. El suceso más hermoso del mundo pasará inadvertido para quien no esté en condiciones de percibirlo. Un sentimiento tan potente como el amor resulta intrascendente cuando viene de alguien que no nos importa. Quien observara la situación desde afuera se sorprendería y podría preguntar: "¿No te das cuenta de cuánto te ama?". Y el amado responderá con cierta indiferencia que no, o que sí, aunque no le importa porque ese amor es incapaz de conmoverlo. A lo mejor se conmueve ante la indiferencia de otra persona. Alguien que lejos de amarlo ni siquiera lo registra, pero sobre quien ha proyectado su deseo.

Todo ser humano juega un papel trascendente en la construcción de su vida emocional. Por lo tanto, resulta innegable que en alguna medida la felicidad depende de uno. Sin embargo, debemos evitar un error que puede desprenderse de esta idea. Dejemos que la Gestalt nos ayude a desenmascararlo.

La teoría de la Gestalt surgió a comienzos del siglo XX en Alemania. Los investigadores se preguntaron qué papel tenían los procesos mentales en el fenómeno de la percepción. Consideraban que el ser humano jugaba un rol activo en el acto de percibir la realidad.

La palabra "Gestalt" se traduce como "forma".

Todo sujeto tiene formas incorporadas que lo inclinan a percibir el mundo de un modo particular.

Por ejemplo, si yo escribiera la palabra "eterndad", es seguro que muchos de ustedes leerán "eternidad". Este fenómeno se produce porque existe un mecanismo mental que tiende a completar lo que falta. Es decir, a generar una Gestalt, una forma completa.

Es el mismo proceso que hace que en el dibujo siguiente percibamos un cuadrado y un círculo, cuando en realidad hay algunos puntos faltantes para que esas figuras efectivamente sean un cuadrado y un círculo.

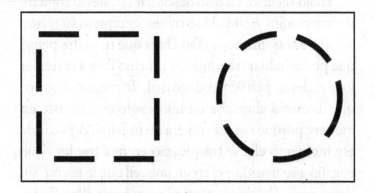

Claudia es una paciente de treinta y ocho años. Odia a su madre y considera un imbécil a su padre. Nada en su relato justifica esta idea. Ambos la tratan con consideración y han apoyado cada uno de sus proyectos desde que era una niña. Sin embargo, aunque en apariencia no tenga motivos, es como lo siente.

En una sesión recuerda una reunión familiar. Ella tendría cinco o seis años. Su papá hablaba con uno de sus cuñados. La conversación era cordial. En un momento, el padre comentó que su esposa acababa de hacerse un aborto. Claudia se interrumpe. Le pregunto qué pasa.

—No me acordaba de ese hecho. Ni siquiera sé si es cierto o lo estoy imaginando.

—Eso no importa. Decime qué pensás.

—No sé. Nada.

—Pero te angustiaste. ¿Por qué?

Por toda respuesta, Claudia estalla en llanto.

Hago silencio. La dejo descargar ese afecto contenido tantos años y, cuando se calma, interpreto su relato.

—Vos eras una nena. Tan chica que tu padre pensó que podía hablar tranquilo porque no ibas a entender lo que decía, pero entendiste mal. Te preguntaste por qué tu mamá abortaría un hijo y sólo encontraste un motivo: porque ese hijo no era de tu papá. A partir de ese momento ella se transformó en una traidora que engañó a su marido y él en un imbécil que lo aceptó sin hacer nada. De ahí tus sentimientos hacia ellos. Tu rabia ante unos padres cuyo único error fue no advertir que su hija entendía de qué estaban hablando. Aunque las conclusiones que sacaste fueron erróneas. Tu mamá no engañó a tu papá, ni él es un imbécil.

Como en los dibujos que mostramos, a veces los relatos dejan cabos sueltos que llenamos con fantasías. Mi interpretación iluminó esos eslabones faltantes que Claudia había agregado para completar la forma. Así funciona la psiquis.

De igual manera, por una cuestión gestáltica, la frase "la felicidad depende de uno" es percibida como "la felicidad *sólo* depende de uno", que no es lo mismo. Ese "sólo" omitido en la frase que por efecto de la Gestalt aparece en nuestro pensamiento, introduce una diferencia fundamental. Porque la idea de que la felicidad "depende sólo de nosotros" deja por fuera a la vida misma, a lo azaroso, a los caminos de quienes amamos y sus circunstancias.

Se trata de una creencia que nos invita a transitar el mundo con una postura ascética en la que sólo contamos nosotros y nuestro universo interior, espejo del universo exterior. De esa manera lo dicen algunos libros sagrados y la filosofía oriental: "Como es arriba es abajo y como es afuera es adentro". Es decir que, de algún modo, las leyes que rigen los planetas son las mismas que nos rigen a nosotros. Todo es parte de un perfecto orden universal. Y en esa comunión ideal con el cosmos poco importa si la persona que amamos acaba de morir, porque nada puede perturbar ese equilibrio.

No es así la vida de los pacientes que vienen a mi consultorio. Tampoco la de la gente que conozco, ni la mía.

La felicidad pensada como un hecho puramente individual construye el estereotipo de un ser humano insensible a todo lo que pasa a su alrededor.

* * *

Bertrand Russell lo vio todo. De la inexistencia de los automóviles al ser humano llegando a la Luna. Las dos guerras. La aparición de Freud y de Lacan. El impresionismo y el rock and roll. Fue filósofo, matemático, lógico y escritor –reconocido con el Nobel de Literatura–. Nació en 1872, murió en 1970.

En 1930 escribió un libro llamado *La conquista de la felicidad*. Es interesante ver cómo desde el título mismo propone que la felicidad es algo a conquistar. Un territorio que no nos pertenece y al que debemos acceder como lo hacen quienes avanzan sobre un territorio desconocido: con persuasión, cuidado, riesgo o incluso violencia.

El conquistador desplaza de los lugares que invade a sus antiguos habitantes. Puede que se una y se mezcle con ellos, pero también es posible que los doblegue, esclavice o mate. Es inevitable que algo de esto ocurra.

En su "Pequeña serenata diurna", Silvio Rodríguez se disculpa por las consecuencias de su conquista.

> *Soy feliz… soy un hombre feliz*
> *y quiero que me perdonen por este día*
> *los muertos de mi felicidad.*

Como todo en la vida la felicidad tiene un precio. A veces, ese costo es el sufrimiento ajeno. Lo sabe quien deja a alguien que ya no ama. Escucha las súplicas y el llanto del abandonado, pero nada puede hacer. Lo sabe también aquél que consigue un trabajo que otros también deseaban. Al momento de conseguir el puesto comprende que los demás están sufriendo. Sin embargo, tampoco puede hacer nada.

Nunca es gratis conquistar la felicidad, y quien quiera alcanzarla debe estar dispuesto a pagar el precio sin ceder al tormento de la culpa. De lo contrario, esa misma culpa le impedirá ser feliz.

Volvamos a Bertrand Russell.

El filósofo –como debe ser– está preocupado, y nos invita a un ejercicio similar al que yo realizaba en aquellos viajes en tren de mi adolescencia.

Párese en una calle muy transitada en horas de trabajo, o en una carretera importante un fin de semana; vacíe la mente de su propio ego y deje que las personalidades de los desconocidos que le rodean tomen posesión de usted, una tras otra.

Descubrirá que cada una de estas dos multitudes diferentes tiene sus propios problemas. En la multitud de horas de trabajo verá usted ansie-

dad, exceso de concentración, dispepsia, falta de interés por todo lo que no sea la lucha cotidiana, incapacidad de divertirse, falta de consideración hacia el prójimo.

Las causas de estos diversos tipos de infelicidad se encuentran en parte en el sistema social y en parte en la psicología individual (que, por supuesto, es en gran medida consecuencia del sistema social).

Russell nos convoca a reconocernos como seres rodeados de otros seres que impactan en nuestra psicología individual. ¿Cómo podríamos, entonces, ser felices prescindiendo de lo que nos rodea?

La concepción de que la felicidad depende sólo de nosotros pone en juego algo de lo que hemos hablado: el nirvana.

Si tuviéramos la posibilidad de alcanzar ese estado ideal, de trascender las pasiones y superar las dificultades que imponen los sentimientos, podríamos pensar que ser feliz depende exclusivamente de nosotros. Pero se trata de un ideal inalcanzable. Un ideal ni siquiera deseable.

Como hemos dicho, el hablante se construye a partir de la mirada de los demás, de sus palabras y del grado de reconocimiento que obtiene de ellos. Pensar un ser humano que no esté afectado por su entorno es una utopía. Por lo tanto, es necesario reformular esas premisas ("la felicidad depende de uno", "la felicidad está en uno").

Todo lo que hagamos y la manera en que transitemos la vida será determinante para que podamos experimentar la felicidad. Experiencia que, de ninguna manera, dependerá sólo de nosotros. No será fácil porque, como señaló Freud en su escrito sobre el masoquismo, primero aparece "la tendencia" que impone el principio del nirvana, la búsqueda del estado de tensión cero, es decir, la muerte, y sólo después aparece "la exigencia" del principio del placer.

Por eso, aunque es cierto que la sensación de felicidad es una experiencia personal, no se trata de algo que debamos buscar en nuestro interior ni es un tesoro oculto que podamos descubrir en el patio de nuestra casa, como sugiere el cuento de Borges. La felicidad no es algo que existe y todavía no hemos hallado.

Ya hablamos del concepto de extimidad que alude a "eso" que está adentro y afuera al mismo tiempo. Algo que es y no es parte de nosotros. La felicidad se ajusta a ese concepto. La felicidad es extimia. Es una emoción que por momentos está en nosotros y al instante deja de estarlo para regresar más tarde. Es esa hormiga que en el cuadro de Escher camina por la banda de Moebius y que hace que nos preguntemos de qué lado de la cinta está.

Por habitar el territorio de lo extimio, la felicidad está en ambos lados: unas veces adentro y otras afuera de nosotros. Se trata de una sensación que está en mí, pero que no depende sólo de mí. Algo que a veces está en la mirada del otro. En esa mirada que el otro me devuelve y me genera una sensación que denomino felicidad. No en vano Lacan dirá que la mirada es una de las formas del objeto "a", aquel objeto que perdimos en la vivencia primaria de satisfacción. Ese objeto que perdimos por el hecho de ser hablantes y que podemos recuperar, apenas por un instante, en algunas circunstancias. Por ejemplo, en esa mirada, o en la voz de alguien que, al decir que nos ama, nos hace felices. ¿Por qué? Porque, aunque de modo un poco imperfecto, esa mirada o esa voz nos devuelven algo perdido. Algo que no podemos retener. Algo que debemos dejar que nos recorra un instante aun sabiendo que volverá a escaparse una vez más.

No somos un recipiente que pueda alojar la felicidad para siempre. Por el contrario, somos un continente que tiene entrada y salida. Entonces, a veces la felicidad pasa por nosotros y nos conmueve. Pero se irá, y sería un error tratar de retenerla, porque en el intento dejaríamos escapar ese instante en que podríamos haber sido felices. Es el error que comete quien pierde un momento sublime queriendo guardarlo para siempre en una foto. Es un intento fallido. De nada servirá mostrar esa foto para transmitir la emoción de la experiencia. La felicidad no puede ser compartida con nadie, excepto con quienes la hayan vivido con nosotros.

Retomemos las frases iniciales y digamos que depende de cada quien lograr un estado que le permita ser feliz, pero esa felicidad no depende sólo de esa persona. Será una comunión. Tal vez una sorpresa. El encuentro de algo íntimo y algo externo en un mismo momento del tiempo y el espacio.

Una experiencia extimia.

Si nos preparamos para abrazarla es posible que aparezcan esa mirada o esa voz que nos hagan felices. Ambas condiciones son necesarias: el estado interno y la circunstancia exterior.

Podemos encontrar un sentido más a esas frases. Una significación que se abre cuando esos dichos toman la forma de una orden. Entonces, cuando escuchamos que "la felicidad depende de nosotros" nos inquietamos porque sentimos que estamos obligados a encontrar la manera de ser felices a cualquier costo.

* * *

Toda persona habita en un lugar y un tiempo que le impone desafíos que debe afrontar. El nuestro es dar batalla a una cultura hedonista que nos fuerza a disfrutar. Sin embargo, a pesar de ese mandato, la gente vive triste, tensa y medicada. Incluso los niños y niñas han entrado al mercado de los antidepresivos y ansiolíticos. Es decir que, en la era de la felicidad, somos más infelices que nunca. Aunque no estemos en la peor de las épocas. Por más que el avance de la medicina haya prolongado la expectativa de vida y la tecnología nos brinde placeres que antes no existían, basta mirar el rostro de la gente para comprender el peso que debemos enfrentar. Es muy difícil sentirse bien cuando se tiene la obligación de ser feliz.

La felicidad no es una experiencia que pueda construirse a la fuerza.

Como señaló la psicoanalista española Rosa López:

el ser humano de cualquier época tiene una aspiración legítima a la felicidad como deseo. Pero en la promoción contemporánea que ha tratado de convertir la felicidad en un derecho, fijaros que la Constitución de los Estados Unidos recoge un artículo que dice que el ciudadano tiene derecho a ser feliz, en este cambio del deseo al derecho ya se va filtrando cada vez más el superyó.

El superyó es una fuerza del aparato psíquico que consigue transformar lo más bueno en malo y los deseos en imperativos. Entonces, cuando la felicidad pasa de ser un deseo a transformarse en un derecho y finalmente en una obligación, en un deber, todo se pervierte dando lugar a la búsqueda insensata de un placer infinito, ilimitado y que confina con la pulsión de muerte. El ejemplo máximo son las adicciones que se van generalizando cada vez más. Ya no se reducen al alcoholismo o a las drogas. Todo el goce actual es susceptible de ser formulado en términos de adicción. Al sexo, al trabajo, a las compras, al teléfono, a la comida, etcétera.

¿A qué responde este fenómeno tan actual?

Lo podemos entender si pensamos que todas estas supuestas adicciones son respuestas a los imperativos superyoicos. El superyó da órdenes. Por ejemplo: come, bebe, practica el sexo, compra, sé feliz, disfruta de todo, toma lo que se te antoje. Y cuando lleva al paroxismo de esto, entonces cuando ya nada es suficiente, el superyó puede decir mátate, o mata.

En la Roma antigua, cuando una persona tenía una deuda que no podía pagar era tomada como esclavo por su acreedor hasta que se considerara que con su trabajo había saldado lo adeudado. A ese tipo particular de esclavo se lo denominaba *addictus*. Es decir que un adicto es un esclavo, alguien adherido de manera patológica a una sustancia, una situación o una persona.

El adicto es alguien que no puede hablar y, por lo tanto, expone sus dolores a través de un acto de dependencia que puede ser fatal. Que puede incluso llevar a la muerte. En lugar de hablar, el adicto escucha una sola voz: la voz del Superyó que le ordena gozar.

Tomado por el goce, el Superyó le ordena: comé más, no comas, bebé más, tené más sexo, consumí más, sé feliz, andá por todo, no hay límites, matá, matate.

Llegado a este punto se hace necesario recorrer dos conceptos para que no se transformen en nuevos falsos amigos: Inconsciente y Superyó.

Lo Inconsciente

A lo largo de su desarrollo teórico, Freud construye dos conceptos importantes para explicar la estructuración de la psiquis. Se los conoce como primera y segunda tópica.

La primera tópica es temprana en la teoría y diferencia tres instancias en el aparato psíquico: Consciente, Preconsciente e Inconsciente.

Aunque parezca redundante, digamos que en el sistema Consciente se encuentra todo lo que está en la consciencia. Por ejemplo, las ideas que pensamos, los temas que nos preocupan o la actividad que estamos realizando. Es decir, lo que tenemos "en mente" en este instante.

Hasta acá no hay dificultades, pero cuando intentamos explicar el sistema Inconsciente, el tema empieza a complicarse.

Hace muchos años tuve la idea de dar una serie de seminarios abiertos para hablar de Psicoanálisis.

Aventura que se llevó a cabo en "Clásica y moderna", un bar notable que era a la vez una librería hermosa donde podían encontrarse ejemplares difíciles de conseguir. Aquel espacio, emblema de la cultura de Buenos Aires, hoy está cerrado.

Así como dijimos que los lugares generan asociaciones que influyen en nosotros, hay también personas cuya impronta impacta sobre los lugares. Era el caso de Natu Poblet, dueña del café literario, un ser maravilloso que daba a "Clásica" –como lo llamábamos–, un aura diferente.

Aunque no nos conocíamos, un amigo común nos convenció de que debíamos hacer algo juntos. Nos reunimos un sábado a las nueve de la mañana sin saber para qué. Ante mi sorpresa, puso en la mesa dos cafés y dos copas de champagne. Hablamos un rato largo acerca de nosotros, sin ningún apuro, hasta que Natu formuló una propuesta.

–¿Viste que acá hacemos cenas-show? ¿Qué te parece si armamos desayunos-charla?

–Estás loca.

–Yo sí. ¿Vos no?

Me reí.

–¿Y cuándo lo haríamos?

Sonrió.

–En honor a nuestro primer champagne juntos, propongo los sábados a las nueve de la mañana.

Era invierno. ¿Quién se iba a levantar a esa hora un sábado frío para asistir a esas charlas? Pero así era ella. Acepté y sellamos el acuerdo con un brindis. Aquél día nos hicimos amigos y lo que empezó como una travesura se transformó en una cita que, durante cuatro años, tuve con la gente que colmaba el lugar. Fue una experiencia maravillosa, consagrada por la magia de Natu, que llegaba diez minutos antes de que finalizara cada charla para cumplir el rito de brindar conmigo.

Su muerte fue un golpe para la cultura argentina. Un golpe que "Clásica y moderna" no pudo resistir. En su honor, cada sábado desayuno un café con una copa de champagne.

De aquella experiencia guardo momentos inolvidables. Amigos, un libro y mi historia de amor.

Cada vez que paso por Callao y Córdoba y veo la persiana del local baja me recorre un sentimiento ambivalente. Una mezcla de tristeza y alegría. Tal vez no pueda ser de otra manera. Quizás debamos pensar que no hay felicidad que no aloje una cuota de dolor.

En una de las tantas cartas enviadas desde el exilio a su amigo Tomás Guido, el general San Martín le escribe entre la felicidad y la angustia:

Paso por un verdadero cuáquero; no veo ni trato
a persona viviente. Ocupo mis mañanas en la
cultura de un pequeño jardín y mi pequeño taller

de carpintería; por la tarde salgo a pasear y en las noches, paseo en la lectura de algunos libros; he aquí mi vida. Usted dirá que soy feliz; sí, mi amigo. A pesar de esto, ¿creerá usted si le aseguro que mi alma encuentra un vacío que existe en la misma felicidad?

Felicidad con vacío. Felicidad dolorosa. Felicidad incompleta.

En *Encuentros (El lado B del amor)*, el libro que surgió de aquellos seminarios, conté que en la charla inicial les pedí a los presentes que dijeran lo primero que pensaran al escuchar la palabra Inconsciente. Estas fueron las respuestas:

- Olvido.
- Dolor.
- Algo que no es consciente.
- Represión.
- Un extraño que vive dentro de nosotros y nos lleva a hacer cosas que no queremos.

No eran respuestas equivocadas. En cierta medida, cada una de ellas describía alguna característica del Inconsciente.

Recuerdo que le pregunté a una joven que estaba ubicada en una mesa cercana cuál era su segundo
nombre.

–Denise.

–Bien –la miré–. Alguien sugirió que el Inconsciente es algo que no está en la consciencia. Hasta que te
lo pregunté, ¿la palabra Denise estaba en tu mente?

–No.

–Entonces, ¿era algo inconsciente? –nadie respondió, y luego de unos segundos continué explicando–.
La respuesta es que sí y no, porque no hay una sola
teorización acerca de lo que es el Inconsciente.

Lo planteamos de la siguiente manera:

Hay tres momentos en la teoría psicoanalítica que
determinan tres tipos de Inconsciente bien distintos.

El primero de ellos tiene que ver con esta idea de
que es inconsciente lo que no está en la consciencia y
es el ejemplo del nombre Denise. Hasta que formulé
la pregunta, no estaba en su consciencia y entonces
era, al menos por el momento, inconsciente. Según esta
concepción, el Inconsciente sería como una alacena de
la cual podemos sacar cosas sólo con ir a buscarlas. Es
lo que los analistas llamamos Inconsciente Descriptivo,
un lugar en donde está aquello que es inconsciente sólo
por el hecho de no estar en la consciencia, pero que
podemos concientizar no bien le prestamos la atención
necesaria. Técnicamente se llama "Preconsciente" y es
la primera formulación del Inconsciente.

Era un momento inicial de la teoría y Freud, todavía ingenuo, pensaba que existía la posibilidad de recuperar todo lo Inconsciente. Como la teoría guía la práctica clínica, en esa época el Psicoanálisis se instituyó como "el arte de hacer consciente lo inconsciente" y en esa dirección avanzaba el tratamiento. Intentando que el paciente recordara, que trajera a su memoria una vivencia olvidada, que la hiciera consciente con la creencia de que entonces estaría curado.

Un ideal que cambiaría pronto, aunque por desgracia muchos todavía creen que de eso se trata el análisis.

A medida que avanzaba en sus descubrimientos, Freud comprendió que el tema era mucho más complejo.

No todos los recuerdos podían recuperarse. Algunos se resistían a volver, como si una fuerza los retuviera en un lugar inaccesible para el pensamiento, o como si desde la consciencia misma se levantara una barrera para no dejarlos pasar. Dedujo, entonces, la existencia de una resistencia a la posibilidad del retorno de esos recuerdos. Y es aquí donde descubre un Inconsciente de otro tipo. Un Inconsciente expulsado de la consciencia. ¿Por qué? Porque se trata de ideas o acontecimientos que el aparato psíquico reprimió por considerarlos intolerables. Una vez reprimidas, esas "representaciones" ya no pueden regresar con la facilidad que lo hace el Preconsciente, porque la misma fuerza que las expulsó de la consciencia levanta una barrera que ejerce resistencia a la vez que algo las tironea desde ese silencio oscuro.

En ocasiones escuchamos que una persona nos pide que hagamos lo que tengamos ganas de hacer, que no nos reprimamos. Otro falso amigo. No es la represión de la que hablamos los analistas.

Para el Psicoanálisis la represión es un mecanismo de defensa que se ejerce sin que podamos percibirlo. No se trata de un acto voluntario. Sucede, y sólo nos daremos cuenta de ella a partir de su fracaso, cuando algo de lo reprimido retorne a la consciencia.

Aquí se hace indispensable diferenciar dos fenómenos que suelen confundirse: la cura analítica y la experiencia analítica.

La cura analítica, el análisis, es un camino. Un recorrido que puede durar mucho o poco. El tiempo que transcurre desde que aceptamos a una persona como paciente hasta que dejamos de verlo, o hasta que ese paciente termine de procesar, aun en nuestra ausencia, lo visto en análisis.

En cambio, la experiencia analítica es un instante de sorpresa o, mejor dicho, una suma de instantes sorpresivos que se producen a lo largo del tratamiento. El doctor Nasio lo describió de esta manera:

es una serie de hitos que ocurren durante ese camino [el tratamiento], momentos esperados por el analista que ocurren rara vez, y que cuando

ocurren son momentos fugaces y, más que fuga-
ces, ideales.

¿A qué se refiere Nasio?

A esos momentos en que el paciente se equivoca, duda, no sabe lo que dice, su palabra falla y se cuestiona: "No sé por qué dije eso". Ese es el punto en el que el lenguaje le interesa al analista. El Psicoanálisis no es una experiencia de comunicación sino de desencuentro. El desencuentro que se produce entre quien habla y sus palabras. El analista no desea comunicarse con su paciente sino producir ese punto de falla, ese instante en que la palabra sorprende al hablante y le hace decir algo que no quería. Algo de lo que quiere deshacerse con rapidez. Tirarlo a la basura. Y con eso trabajamos los analistas, con el basurero del lenguaje. Nos importa ese momento en que el sujeto no sabe hablar, no encuentra la palabra justa y el relato se suspende.

La experiencia analítica es, entonces, el instante en que la palabra falla, la represión fracasa, retorna lo reprimido y aparece el goce. Sin embargo, lo que retorna tiene un aspecto diferente, un disfraz que le permite eludir la resistencia.

A esos disfraces los denominamos "formaciones del Inconsciente": lapsus, chistes, sueños, actos fallidos y síntomas. El desafío del analista es ver a través de esos disfraces, interpretarlos hasta llegar a la verdad que esconden.

Este Inconsciente, tan distinto del anterior, se denomina Inconsciente Dinámico.

Resta todavía una versión del Inconsciente. La más inasible: el Inconsciente Estructural.

Para explicar un concepto tan difícil tomemos una frase de Freud: *todo lo reprimido es Inconsciente, pero no todo lo Inconsciente es reprimido*. Es decir que en el Inconsciente no están sólo aquellas cosas que no tenemos en la consciencia en este momento (Preconsciente), ni las que expulsamos por dolorosas o traumáticas (Inconsciente dinámico), sino que hay algo más, algo anterior. Un Inconsciente que no fue reprimido, que nació Inconsciente y que siempre lo será por más análisis que se haga. Por eso es estructural.

Se trata de un concepto difícil de entender. Sin embargo, aparece de manera constante. Lo vemos en ese hombre que cruza una calle mirando el celular sin ver el vehículo que se acerca, en la persona que en un balcón juega con su bebé y lo arroja hacia arriba sin registrar que puede caérsele, en quien se queda en un vínculo de maltrato e indiferencia, o en todo el que arriesga su vida sin darse cuenta. Por lo general, cuando decimos "qué inconsciencia", aludimos al Inconsciente estructural. Un Inconsciente que aparece también en la repetición de actos o elecciones que lastiman.

Sospecho que muchos habrán notado la rima entre el Inconsciente estructural y la pulsión de muerte. No se equivocan. De eso se trata. De un universo pulsional que jamás será alcanzado por la palabra. Allí está ese extraño que vive dentro de nosotros, que nos hace hacer cosas que no queremos y pone en riesgo nuestra vida y la de los demás sin que tengamos consciencia de eso.

Es un punto límite para el análisis porque es un Inconsciente que no puede ser interpretado y jamás se hará consciente, porque no puede volver a la consciencia algo que nunca estuvo. Un Inconsciente que demanda un trabajo mucho más arduo. Una "construcción" que requiere del analista un acto creativo. Es un momento cúlmine en un tratamiento en el que, a partir de los dichos del paciente, el profesional le arma un cuento que ocupa los espacios vacíos, ordena el goce insensato y le da un sentido a su historia. Se trata de la más difícil de las intervenciones analíticas. Pero, cuando da en el blanco, cambia para siempre la vida de una persona.

El Superyó

A diferencia de la primera tópica, la segunda surge mucho más tarde en el desarrollo de la teoría freudiana. Aparece recién en el año 1923 en un artículo llamado "El Yo y el Ello" y no anula la anterior, sino que la complementa. La estructura Consciente-Preconsciente-Inconsciente se sostendrá hasta el final de la obra y siguen siendo nociones de vital importancia en nuestra práctica clínica actual.

En esta nueva concepción, Freud describe un aparato psíquico compuesto por tres instancias: Yo, Superyó y Ello.

Intentemos una conexión, un punto de unión entre alguno de los conceptos que estuvimos trabajando. Podemos decir, entonces, que aquello que en la primera tópica llamamos Inconsciente Estructural es lo mismo que en la segunda llamaremos "Ello". Se trata del lugar psíquico en que habitan las pulsiones, "eso" que recorre al Δ (Delta) desde el momento de su nacimiento, una energía insensata (pulsión de muerte) que atormenta al ser humano hasta el último día de su vida.

Es decir que, aunque con otra terminología, la existencia del "Ello" ya había aparecido en la teoría. También la del "Yo", esa instancia que procesa los estímulos, tanto internos como externos, y genera una respuesta para entablar relaciones con el mundo y sostener el equilibrio psíquico.

Sin embargo, el Psicoanálisis nunca se había ocupado del Superyó. Como señala Jaques-Alain Miller, aunque se trata de la novedad que aporta "El Yo y el Ello", es la única instancia que falta en el título de ese artículo. No es un dato menor tratándose de un autor tan minucioso como Sigmund Freud.

Tal vez porque es un concepto difícil, esquivo, tan complicado, tan ligado a la pulsión de muerte que es lo primero que desestimaron los amantes de la psicología del Yo.

No cometamos el mismo error.

Ingresemos a los territorios oscuros del Superyó.

En un primer acercamiento, Freud lo definió como *el heredero del Complejo de Edipo,* una instancia donde quedan grabados los mandatos de los padres.

Al nacer, el bebé no tiene todavía incorporado los límites y requiere que alguien desde afuera, por lo general el papá o la mamá, le indiquen qué hacer y qué no. Con el tiempo, incorporará esas voces y ya no las necesitará para saber, por ejemplo, que no debe meter los dedos en el enchufe.

En el Superyó habita esa voz que permite que podamos escuchar qué nos diría nuestra madre o qué esperaría nuestro padre de nosotros aunque hayan muerto hace tiempo. Al incorporar esas voces, el chico también incorpora qué se espera de él, cómo debe ser para que lo amen, para ser considerado un buen hijo, una buena persona. Es decir que se añade un ideal con el que se comparará toda la vida. Un "Ideal del Yo" que lo guiará y que no alcanzará nunca. Un Ideal que es a la vez faro y frustración.

Esta es sólo una de las caras del Superyó a la que denominamos "Superyó normativo".

Avancemos un poco más y veamos el dibujo que realizó Freud para describir esta nueva versión del aparato psíquico.

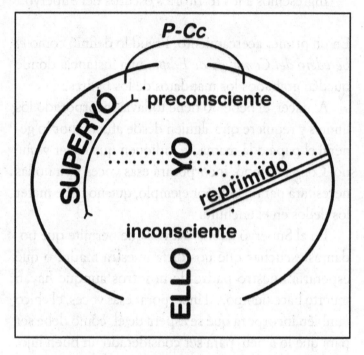

Como vemos, arriba está el polo perceptivo (P) que recibe los estímulos externos que impactan en la consciencia (Cc). Debajo, el sistema Preconsciente donde se encuentra aquello que podemos rescatar sin demasiado esfuerzo aunque por el momento no sea consciente. Al costado aparece lo reprimido, lo que fue expulsado de la consciencia por doloroso y volverá sólo en episodios esporádicos a los que llamamos, como vimos antes, "experiencia analítica".

Hasta aquí nada que no hayamos explicado. Pero recordemos la frase de Freud que citamos porque será determinante:

Todo lo reprimido es Inconsciente pero no todo lo Inconsciente es reprimido.

Es ahí donde ingresa el Ello, el vasallaje pulsional, ese Inconsciente que, como dijimos, jamás fue reprimido, jamás se hará consciente y siempre nos impondrá un esfuerzo enorme en el desafío de sobrellevar la existencia.

Todo ser humano debe ser capaz de soportar la vida.

Con esa frase, Freud resaltó no sólo las exigencias que nos impone el mundo, sino también los requerimientos del Ello y del Superyó.

¿Qué lugar ocupa el Superyó en esta nueva formulación del aparato psíquico?

Observemos nuevamente el dibujo y veremos que El Superyó aparece a la izquierda, en contacto con el Preconsciente, lo reprimido, el Yo y el Ello.

De lo Preconsciente-Consciente y lo reprimido, tomará lo normativo. Ese es el famoso "heredero del complejo de Edipo". Allí están las voces de nuestros padres y los mandatos culturales que nos dicen qué se debe y qué no, qué se puede hacer y qué no.

No obstante, si observamos bien veremos que el Superyó también está sujeto al Ello, y es Lacan quien rescata esta idea en toda su potencia y aporta una mirada que cambia el escenario del concepto.

Es cierto: el Superyó es inconsciente. Pero no es sólo el inconsciente reprimido cuya aparición esperamos en análisis, el inconsciente sorpresivo del lapsus, el sueño o el chiste, sino además un inconsciente que hunde sus pies en el Ello y lanza una voz que susurra un imperativo fatal: "goza", es decir: sufre.

Ernest Jones (biógrafo de Freud y psicoanalista) dijo:

la vida mental del hombre está constituida esencialmente por sus esfuerzos para escapar de las exigencias del superyó o para someterse a ellas.

Es tal vez el reto más difícil que nos presenta la vida. El desafío de enfrentar la voz imperativa del Superyó que al incitarnos al goce nos impide desear porque degrada cada deseo en un mandato.

Nos toca vivir la época de la tecnología y la desmesura en que el Superyó es más cruel que nunca. Las cirugías estéticas innecesarias a las que se someten algunas personas denuncian la angustia que genera la obligación de ser siempre jóvenes, bellos y perfectos. Y muchos pagan un costo muy alto por intentarlo.

Esto no implica que no tengamos derecho a vernos bien. Pero tengamos cuidado de que ese derecho no esconda la sumisión a un mandato social desmesurado. Un mandato que, aunque surja de la cultura, se arraiga en lo más profundo de nosotros. Extimidad.

Dijo Lacan que nada obligaba a nadie a gozar, excepto el Superyó que nos empuja *a un goce imposible, a una satisfacción completa que es imposible y que, por lo tanto, nos lleva a traspasar los límites del cuerpo.*

Cuando el deseo se degrada y se convierte en una obligación se pierde la posibilidad de alcanzar el placer y lo único que logramos, con suerte, es cumplir un mandato y acallar por un instante el deseo del Otro. Un mandato que resurgirá en breve para imponernos un nuevo sacrificio y alejarnos todavía más de la felicidad.

Quien recibe el abrazo emocionado de su familia al obtener el título universitario no será feliz si su deseo era ser músico.

Cuando la voz de un padre exige un diez, el hijo que obtiene esa nota tampoco es feliz. Apenas disipa por un momento el temor a ser castigado, aunque ese castigo tome la forma encubierta de la reprobación paterna.

No debemos confundirnos. Esas desaprobaciones, esas faltas de reconocimiento lastiman la integridad psíquica, la confianza y el amor propio. Son actos que parecen sutiles, pero producen estragos.

Nadie puede ser feliz si dedica su vida a cumplir mandatos ajenos.

* * *

Luisa tenía cincuenta y nueve años cuando su marido la dejó.

Habían pasado casi cuarenta años juntos, tenían tres hijos, y cuando nada hacía pensar en un cambio tan drástico en su vida, el hombre se enamoró de su asistente, una joven de treinta y cinco años, abandonó el hogar y se fue a vivir con ella.

Dos meses después, Luisa cumplía sesenta.

En un intento por cambiar su estado de ánimo sus amigos le organizaron una gran fiesta. Con la mejor de las intenciones, la invitaron a celebrar la vida y, sin darse cuenta, la colocaron en una situación extraña: recién separada, vestida de fiesta, angustiada, rodeada de amigos y soplando las velas con una sensación ambivalente. Por un lado, el miedo al destino de soledad que avizoraba, y por el otro, el canto de sus allegados que resonaba en el salón: "¡Que los cumplas feliz!".

Una canción que encarna la trampa de un mandato y tres deseos. Un mandato envuelto en cariño donde se nos exige de modo recurrente:

¡Que los cumplas feliz,
que los cumplas feliz!

¡Que los cumplas, que los cumplas,
que los cumplas feliz!

Y al momento ritual del soplo de las velas se nos incita a pedir tres deseos que, como en el viejo tema musical, casi siempre se relacionan con la salud, el dinero y el amor. Porque en secreto deseamos que lo que amamos perdure, que no nos falte nada y que el cuerpo nos permita disfrutarlo. Y entre ese canto, "que los cumplas feliz", y el soplido deseante, o angustiado, o asustado, o soñante, pasa algo.

Parece un momento menor. Un rito casi sin importancia. Sin embargo, ahí se juega una invitación a seguir viviendo ("y que cumplas muchos más"), y el misterio de la felicidad ligada al deseo de lo que no tenemos o no queremos perder.

"Que los cumplas feliz" es una frase que tiene una doble lectura. Puede ser percibida tanto como un anhelo o como un mandato. Quién la canta puede estar deseándonos un momento hermoso u obligarnos a que sea así. Y hay una diferencia enorme entre la manifestación de un buen augurio, algo que alienta, y un mandato, algo que oprime.

El día del cumpleaños es muy particular, en especial porque es cuando se escucha el mayor caudal de palabras vacías. Desde temprano suena el teléfono y se comunican personas con las que tenemos poco y nada de contacto cotidiano para invitarnos a recorrer conversaciones ligeras, por llamarlas de alguna manera.

–Hola. Feliz cumpleaños, ¿cómo la estás pasando? Bueno que tengas un lindo día.

Fin de la conversación. Pura palabra vacía. Deseos huecos.

Sin embargo, en cada una de esas llamadas se vislumbre el mandato que nos obliga a tener un gran día y ser felices. Como si no tuviéramos derecho a estar mal.

Volviendo a Luisa, aquel día una amiga le reclamaba que terminara con tristeza porque era su cumpleaños, que "ni se le ocurriera" sufrir.

Es una fecha en la que debemos cumplir con un extraño designio: ser felices porque celebramos nuestra llegada a la vida. Pero, ¿quién ha dicho que hemos venido al mundo para ser felices?

¿Es la vida una experiencia a celebrar?

Recordemos la sentencia freudiana: *no parece estar en los planes del universo que el ser humano sea feliz.*

Historiador, crítico literario, filósofo obsesionado por el lenguaje, el ruso Mijaíl Bajtín –nació en 1875, murió en 1975– hurgó en "lo grotesco".

En uno de sus escritos describe las célebres figuras de terracota de Kertch, que se conservan en el Museo Ermitage de Leningrado. Entre ellas sobresalen las figuras de unas ancianas embarazadas que ríen. Lo interesante es que tanto la vejez como el embarazo y la risa son grotescamente subrayados. Como si el artista hubiera querido resaltar que nada es perfecto. Es la vejez embarazada. La muerte abrazando a la vida, el proceso ambivalente y contradictorio de toda existencia.

Ese trabajo de Bajtín sobre lo grotesco me recuerda aquel momento confuso que aparece ante el deseo-mandato: "que los cumplas feliz". El borde entre el año que termina y el que empieza. Lo que no pudo ser y la esperanza de lo que tal vez será.

Pero el rito supone que terminada la canción llega el momento de pedir tres deseos.

Resulta interesante que se ponga un límite a la capacidad de desear. Tres deseos. Punto. ¿Por qué no mil? Porque no. Porque, como todo no se puede, sólo tenemos tres. Tal como ocurre con los *efrits* que habitan las páginas de *Las mil y una noches*, esos genios capaces de conceder lo anhelado que sin embargo ponían un límite. Incluso los seres mitológicos están alcanzados por la castración.

* * *

Hay un cuento infantil, "Cosas que pasan", que pertenece a una gran artista, Isol Misenta, que además de ilustradora es también música.

Cuenta la historia de una niña insatisfecha que desea tener el pelo lacio para ser más linda, un caballo para ir a la escuela y cantar como los pájaros. También sueña con ser más alta, tener los ojos verdes y ser tan fuerte como un árbol. Y mientras piensa en todo lo que le gustaría tener se le aparece un genio que le comunica que, por haber sido ella la persona que más deseos pidió en un mes, lo enviaron para que le cumpliera uno de esos deseos.

Lejos de alegrarse, la niña se angustia.

¿Cómo uno? ¿Sólo uno? No puede ser. ¿Y si se equivoca al pedir? ¿Y si se da cuenta más tarde de que lo que pidió no era lo que más quería? El genio comienza a impacientarse y la apura para que se decida. Entonces, los ojos de la niña se iluminan y dice: *Ya sé. Quiero todo.*

Ante ese extraño pedido el genio mira en su lista de regalos: trapecio, triciclo, tobogán…

–*Mira, niña* –dice por fin–, *tu deseo no está en el catálogo, así que voy a darte lo que tengo a mano: un conejo gris.*

Y se despide.

La niña mira el regalo que tiene en sus manos. Es un conejo hermoso. Pero de pronto su gesto se ensombrece y se lamenta: *¿Y si fuera azul?*

Siempre la falta. Ni todos los genios del mundo podrán ayudarnos, porque cada deseo lleva el germen de su propia insatisfacción. Somos seres deseantes y debemos aceptar que siempre tendremos que convivir con la falta. No importa cuántos deseos podamos cumplir, nunca serán todos.

Es el saber no sabido que demuestran quienes nos invitan a pedir tres deseos. Como si nos estuvieran diciendo que todo no se puede. Que nadie alcanza todos sus sueños.

Recuerdo un paciente que creía haber logrado todo lo que deseaba. Se sentía tan bien, tan completo, que en la fiesta de su cumpleaños número cuarenta y dos cuando llegó el momento de soplar la vela y pedir los tres deseos, dijo que no iba a pedir nada. Sólo quería agradecer por haberlo conseguido todo.

Al año siguiente, al cumplir los cuarenta y tres, ya no tenía nada. La mujer que amaba lo dejó, el hogar que tenía se destruyó y atravesaba un duelo difícil de superar. Así se lamentaba en el diván: "Pensar que el año pasado en mi cumpleaños no pedí ningún deseo porque creía que no necesitaba nada, que lo tenía todo".

Se equivocaba. Nadie lo tiene todo. Nadie lo tendrá jamás.

Hurguemos un poco más en ese rito que se repite año tras año y veremos que en ese binomio "que los cumplas feliz-pedí tres deseos" se juega la ilusión de encontrar la felicidad en la satisfacción de los deseos.

Si fuera así, la felicidad sería imposible. Porque el deseo y la satisfacción están destinados a no encontrarse nunca. Jamás harán esquina. Y ahí está la trampa.

Es posible que podamos satisfacer una parte de lo que deseamos. Pero es un engaño confundir esa parte con el todo. Al igual que los icebergs, los deseos tienen una punta que se ve, que es lo que creemos desear, pero esconden algo mucho más grande. Una parte oculta que los sostiene y a la que nunca llegaremos.

El Psicoanálisis invita al paciente a que se sumerja para que vislumbre al menos la sombra de "eso" que sustenta su deseo. Algo de lo que solo podrá intuir una parte muy pequeña, porque siempre habrá un resto que escapará a su comprensión. El "noúmeno" kantiano, "lo Real" lacaniano: algo que no entenderemos jamás por mucho que nos analicemos. Freud lo llamó *la roca viva de la castración*. Según él, hasta ahí podemos llegar. Pero hay un más allá. Un abismo, una zona prohibida.

* * *

La felicidad no es la felicidad del todo.

De eso trata este libro. Aquí está el centro de nuestro funambulismo. En la invitación a pensar cómo habitamos el mundo de la mano de la falta.

El maestro José Luis Sampedro murió con más de noventa años. En una de sus últimas entrevistas le preguntaron si le gustaría reencarnar. Respondió que no.

–Ya vi de qué viene este juego y no es demasiado divertido.

Una respuesta inquietante. Si nos dieran a elegir la vida mostrándonos de antemano de qué se trata es posible que más de uno dudara antes de aceptar. Es como si nos avisaran que vamos a ver un partido de fútbol que salió cero a cero, donde no hubo situaciones de gol y con disturbios en la tribuna. Por suerte no siempre la vida es así. Cada tanto aparece alguna rabona, una gambeta o un caño que justifica que hayamos ido a la cancha.

* * *

Hay situaciones engañosas, como el amor o el éxito, que por instantes generan una sensación de completud. Una sensación que dura muy poco. No es que el amor o el éxito no puedan perdurar. Pero la sensación de estar completo desaparecerá en breve. Las personas exitosas sufren y desean. También los enamorados sufren y desean. Porque hay una búsqueda que no puede detenerse.

Así como el universo está en expansión, también el deseo está en expansión. Una expansión que sólo se detendrá con la muerte.

Sin saberlo, quien busca tenerlo todo, busca morir.

Aunque sin buscarlo, por otro camino, hemos vuelto a la disputa filosófica entre Oriente y Occidente.

Hay un libro maravilloso, *Dhammapada*, que guarda las enseñanzas de Buda. Conmueve leer con qué emoción describen esa experiencia de saciedad que viven los monjes que han llegado a la iluminación.

De todos modos, la humanidad pareciera estar más cerca de la pasión de Cristo que de la calma de Buda.

Una pasión a veces deseante o enojada, donde la calma es apenas una visita breve.

En "Los evangelios" se describe una escena en la que alguien le reprocha a Jesús que esté comiendo y bebiendo en demasía. Y El Cristo le responde que no lo juzgue, que lo deje disfrutar de ese instante porque dentro de muy poco estará sufriendo.

Disfrutar.

Algo que solemos confundir con el placer, aunque no es lo mismo.

El placer, por más que sea breve, suele ser más duradero que el disfrute. Tal vez la felicidad sea un muelle donde alguien puede sentarse a descansar. Un momento en que se elude la voz del Superyó que ordena gozar. Y aunque hemos dicho que la felicidad es perecedera, el disfrute lo es todavía más. Las adicciones son un claro ejemplo. De eso se trata. De consumir drogas, tecnología, alcohol, marcas de zapatillas, celulares, sexo, comida, series televisivas, lo que sea, sólo para volver por más y más. Hasta el final.

No es una experiencia de felicidad.

Ese disfrute busca en vano satisfacer la exigencia pulsional de ir por todo. Es la desmesura. El goce. "Eso" que puede matar a un ser humano o convertirlo en un esclavo.

Hybris y Sofrosine

Hace más de dos mil años los griegos ya habían comprendido que los excesos lastiman. Por eso se esforzaban por lograr un estado de "sofrosine" (equilibrio) y aborrecían la "hybris" (desmesura). Los humanos no tenían derecho a estados extremos de pasión, lujuria o felicidad porque ese era un atributo de los dioses, y castigaban con dureza a quienes se atrevían a tanto.

Pensaban que toda desmesura ponía en peligro el equilibrio universal. La belleza extrema, la crueldad o la destreza desmedidas eran patrimonio divino y ningún mortal podía acceder a semejantes talentos. Era una intrusión al mundo perfecto de los dioses y, por lo tanto, resultaba un gesto imperdonable.

Las *cárites*, también conocidas como *gracias*, eran las encargadas de distribuir la alegría y la felicidad en el mundo mítico de la Grecia antigua. Estas tres hermanas vivían en el Olimpo, no lejos de las musas, y solían acompañar a Atenea (diosa de la sabiduría), Afrodita (diosa del deseo y la sensualidad), Eros (dios del amor) y Dioniso (dios de la pasión). Como vemos, para los habitantes de la antigua Grecia, la felicidad no andaba lejos del arte, la inteligencia, el amor y la pasión. Una idea muy atractiva.

Sin embargo, la felicidad que otorgaban las *cárites* tenía un límite, tanto en su duración como en su intensidad. Nadie era feliz por completo ni para siempre.

En *La Ilíada* aparecen las *ceres*, genios que, como las *walkyrias*, se encargaban de llevarse el alma de los héroes en el momento de su muerte. Se las representaba como entes alados de uñas afiladas y grandes dientes blancos. Vestían de negro y su aspecto era espantoso. Su manto estaba manchado de sangre debido a que desgarraban los cadáveres y bebían la sangre de los muertos.

A diferencia de sus colegas nórdicas, las ceres eran concebidas también como destinos posibles.

Aquiles, por ejemplo, tuvo la opción de elegir entre dos ceres. Una de ellas le ofrecía una vida extensa y feliz pero carente de gloria. La otra, una existencia breve y una muerte trágica a cambio de un nombre imperecedero. Es obvio que Aquiles optó por esta segunda opción, por eso aún hablamos de él. Pero, ¿por qué debía elegir entre una posibilidad u otra? ¿No podía tener una vida larga, placentera y heroica al mismo tiempo? No. Hubiera sido una desmesura. Tantos logros juntos eran privilegio de los dioses.

Los griegos sabían, como sabe el Psicoanálisis, que el ser humano tiene un límite. Debe tenerlo. Todo no se puede. Y en los mitos, quien se atrevía a intentar rebasarlo era castigado.

Némesis, encarnación de la venganza, era la responsable de sancionar el exceso de los mortales, aun si se trataba de un exceso de felicidad. Y mucho más si el hombre o la mujer tenían la desafortunada idea de alardear de sus dones.

En *Las metamorfosis*, Ovidio cuenta su versión particular del mito de Medusa.

Según el poeta, Medusa era una joven sacerdotisa de Atenea. Su hermosura era tan grande que el mismísimo Poseidón, señor del mar, se apasionó con ella y la violó en el templo de la diosa de la sabiduría. Al parecer, Atenea creyó que la belleza excesiva de Medusa había sido la responsable del hecho y la castigó por la profanación de su templo. Transformó su hermoso cabello en serpientes, la armonía de su cara en un rostro monstruoso, y la dulzura de sus ojos en una mirada demoníaca que volvía piedra a todo aquel que la observara de frente. Para completar la condena se ordenó a Perseo la tarea de decapitarla. El héroe cumplió su misión y de la sangre de Medusa surgieron los dos hijos que había engendrado en su encuentro con Poseidón: el gigante Crisaor y Pegaso, el caballo alado.

Una historia de envidia e injusticia.

No debe sorprendernos. Los dioses griegos, como todos los dioses, no se destacaban por ser justos.

Ya que nombramos a Poseidón, hablemos de uno de sus hijos: Belerofonte.

Hay distintas versiones de esta historia. En una de ellas se cuenta que Belerofonte mató a su hermano por accidente. Siguiendo una costumbre de la época, se

233

exilió en la ciudad de Tirinto y se puso a disposición del rey Preto para purificarse de su crimen. El monarca lo aceptó de buen grado y lo ayudó en la tarea de expiar su culpa. Pero ocurrió algo inesperado.

La esposa de Preto, la reina Estenebea, se enamoró perdidamente de Belerofonte e intentó seducirlo. El joven que estaba agradecido con el rey se negó a ceder a las demandas de la mujer quien, furiosa por el rechazo, decidió vengarse. Habló con su marido y acusó a Belerofonte de intentar violarla. Preto creyó en el relato de su esposa y montó en cólera. Pero no podía hacer justicia por su propia mano sin faltar a la ley sagrada que obligaba a ser hospitalario con los huéspedes. Entonces, pidió a Belerofonte que llevara una carta sellada al rey Lóbates, padre de Estenebea. Era una trampa. En esa carta Preto solicitaba a su suegro que lo matara.

Lóbates recibió a Belerofonte y le brindó el trato que acostumbraba darse a las visitas. Fueron nueve días de banquetes y festejos. Al décimo, el rey leyó la carta y quedó atónito al comprobar el mensaje.

Dispuesto a cumplir con el pedido de su yerno encargó a Belerofonte una tarea imposible: dar muerte a la Quimera, un monstruo que exhalaba fuego y tenía cuerpo de león, cola de serpiente y cabeza de cabra. Belerofonte aceptó el encargo y, consciente del peligro de su misión, consultó a un adivino, quien le indicó que sólo podría vencer al monstruo con la ayuda de su hermano Pegaso, el caballo alado.

Luego de una intensa búsqueda lo encontró, pudo sujetarlo con una rienda de oro que Atenea le había cedido con ese fin, y juntos arremetieron contra la Quimera.

El combate fue arduo, hasta que Belerofonte introdujo su lanza en la boca ardiente del monstruo. El fuego que exhalaba derritió el metal y lo quemó por dentro. Lo que parecía imposible sucedió: Belerofonte mató a la Quimera.

Lóbates, que no salía de su asombro, insistió en su intento de matarlo y lo envió a misiones tan difíciles como la anterior, pero Belerofonte siempre salía exitoso. Por fin, el rey decidió reconciliarse con él y le ofreció la mano de otra de sus hijas, la princesa Filónoe. Ahora sí, la felicidad parecía haber llegado para el joven. Sin embargo, en lugar de disfrutarla, Belerofonte cedió ante la hybris, la desmesura, y se ganó el odio divino.

Borracho de soberbia por haber obtenido semejantes logros se propuso una última hazaña: montar a Pegaso y ascender ni más ni menos que hasta la morada de los dioses. Entonces Zeus, príncipe del Olimpo, envió un tábano que picó a Pegaso, el caballo alado se desbocó, Belerofonte perdió el equilibrio y se precipitó al vacío.

Según algunas versiones murió en la caída. Según otras, quedó ciego, lastimado y terminó sus días como un pobre vagabundo. Así, el hombre que había vencido a la Quimera y a las amazonas, que domó a Pegaso y pudo ascender al cielo, renunció a sentarse en el muelle a experimentar el placer de sus logros, de su amor, de la paz que por fin había alcanzado. Fue por más y, empujado por su goce, quedó ciego, lastimado o muerto. Lo cierto es que no fue feliz.

Como dijimos, la palabra felicidad proviene del latín *felicitas* y significa fértil o fecundo, aunque también existe un término griego que alude a ella: "eudaimonía" ($\varepsilon\dot{v}\delta\alpha\iota\mu o\nu\acute{\iota}\alpha$), que etimológicamente se compone de dos términos: *eu*, bueno, y *daimōn*, espíritu. Algo así como estar espiritualmente bien, traducido además como "buena vida".

Teniendo en cuenta esto podríamos preguntarnos si en verdad la felicidad es el fin de toda existencia. Sostengamos la doble significación de la palabra fin y también la pregunta: ¿ser feliz es el sentido de la vida?

Los mitos griegos parecen contradecir esta idea.

Belerofonte había alcanzado la paz que merecía, pero fue por más. Desafió a los dioses y entabló una batalla que no tenía otro destino más que el fracaso. La soberbia arruinó su vida. Pero, ¿qué decir de Medusa? Sacerdotisa fiel y doncella de Atenea. Una mujer que termina siendo violada y, como si no bastara con esa tragedia, es castigada con la mayor crueldad. ¿Cuál fue su pecado? Ninguno, excepto ser demasiado hermosa para ser humana.

* * *

En sintonía con lo que venimos viendo, el teólogo Ernesto Brotóns Tena sostuvo que el mundo griego distinguía dos modelos de felicidad: la que nos es permitida y la otra, privilegio de los dioses.

Una mirada atrayente. Pensar en una felicidad permitida es suponerla limitada, carente.

Freud describió al ser humano como un dios con prótesis.

De manera análoga, podemos pensar que la nuestra es una felicidad con prótesis; una felicidad fallida. Entonces, digamos que la única felicidad que puede alcanzar un sujeto atravesado por la incompletud, el deseo y el lenguaje, un sujeto carente, barrado ($ujeto), es una felicidad en falta a la que llamaremos "*faltacidad*". Ante lo cual se abren dos caminos. O aceptamos que nunca alcanzaremos la felicidad o reconocemos que nuestra felicidad nunca será total. Siempre deberá convivir con alguna falta.

Hesíodo pensaba que dioses y humanos tenían el mismo origen, que eran de alguna manera hermanos, con una sola diferencia: a los humanos les fue negada la inmortalidad. Y con la muerte llegó el desconocimiento, el desafío de enfrentar una nada imposible de significar. Una nada que llenamos de mitos y religiones para resistir la angustia que provoca.

Según Brotóns Tena aquí radica la diferencia que marca la distancia entre lo divino y lo humano.

La muerte es propia del hombre, aunque quiera envolverse en un hálito de dulzura y felicidad. No somos más que hojas, dirá La Ilíada, hojas que nacen, mueren y se las lleva el viento.

Tal vez sea así. Quizás seamos sólo hojas que se lleva el viento. Pero hojas que piensan, sufren, y luchan por su destino a pesar de saber que nunca alcanzarán todo lo que desean, que siempre deberán convivir con una cuota de insatisfacción.

Hace un tiempo se puso de moda una expresión: "vamos por todo".

Un dicho que suelen pronunciar incluso las personas que más nos aman. Creen que de esa manera nos estimulan. Se equivocan. Se trata de una máxima fatal. No hay frase que nos deje más en falta ni mandato tan imposible de cumplir que el de ir por todo. Porque todo no se puede. Y es sano que sea así.

En su *Seminario 20*, Lacan resalta la importancia de que exista algo que nos diga que no.

A diferencia de la consciencia, en el Inconsciente no existe la noción de imposibilidad. Por eso cuando soñamos podemos ser chicos y grandes al mismo tiempo, hablar con personas que han muerto, estar en diferentes lugares o volar. El Inconsciente es un mundo extraño con reglas particulares. Pero cuando alguien está despierto y consciente debe aceptar esa noción de imposibilidad. Entonces, por ejemplo, como en el mundo real no puede volar evitará arrojarse de la terraza de un edificio, o soportará el dolor de no volver a reunirse con sus muertos queridos.

A veces quien sufre algún trastorno psíquico grave alucina y cree encontrarse con alguien que ha muerto. Puede verlo y hablar con él, porque no tiene noción de imposibilidad. En esos casos decimos que esa persona delira, porque no acepta que tiene límites que no puede eludir.

* * *

Hemos señalado que cada ser humano habita en un lugar y un tiempo que le imponen desafíos que debe enfrentar. A nosotros nos ha tocado la era de la tecnología. Una época donde todo parece muy sencillo, donde las respuestas están al alcance de la mano y podemos vernos de manera virtual con amigos que están a miles de kilómetros. Pero no habitamos sólo la era de la tecnología sino también la de la desmesura. Una época que nos empuja a ir por todo y sostiene que querer es poder y que basta desear las cosas para atraerlas. Una cultura que no acepta el "no" sin entender que es precisamente ese "no" lo que nos detiene ante la locura.

De todas maneras, no creamos que sólo los enfermos graves niegan la imposibilidad. Como dijo el
psicoanalista Marcelo Barros:

> *no hace falta ser psicótico para estar loco, para*
> *organizar una fiesta para cien personas en me-*
> *dio de una pandemia y compartir las copas. No*
> *es necesario. Hay muchos modos de mojarle la*
> *oreja a Dios.*

Mojarle la oreja a Dios.

En *La peste*, Albert Camus desliza la idea de que el
ser humano se niega a aceptar la imposibilidad.

Es lo que pretende quien niega que todo no se
puede, quien no acepta los límites, las barreras que se
imponen entre él y su deseo, o sus caprichos. Entonces
avanza.

Eso hace un violador, por ejemplo. Niega que una
persona tenga derecho a decir no. Rechaza el rechazo,
el "hasta acá", el "no quiero", reniega de la "castración" (todo no se puede), y arremete. Es evidente la
reacción de desprecio que esto nos genera. Porque se
trata de un comportamiento perverso.

A su manera esta época intenta pervertirnos.

Nos pide que neguemos nuestras imposibilidades,
que pensemos que si queremos algo siempre podemos
conseguirlo, que es cuestión de intentar sin darse jamás por vencido. Pero, ¿debemos convertirnos en aco-

sadores incansables? ¿Cuántas veces debe rechazarnos una persona para que admitamos que no quiere estar con nosotros y la dejemos en paz?

La ilusión de lograrlo todo supone la posibilidad de una completud, de llegar al vaciamiento del deseo. Un vacío mortífero que de ningún modo es la felicidad.

Cuando leemos que alguien importante arruinó su vida por la droga, el juego o el alcohol nos preguntamos por qué lo hizo si era una persona que "lo tenía todo". ¿Por qué se destruye, entonces? Precisamente por eso. Porque es posible que en algún lugar se le haya instalado la creencia de que de verdad lo tenía todo y ya no había nada que desear. En esos casos, la vida se vuelve un lugar espantoso. Para tener sentido, la vida requiere de un vacío, una ausencia que genera un movimiento al que llamamos deseo. Una falta que abre la posibilidad de ser feliz. *Faltacidad*.

Es claro que esa falta no puede ser total. De ser así, el peso de la frustración sería insoportable. Pero, ya lo hemos dicho, algo ha de faltar para que podamos vivir.

Se cuenta que Filipo de Macedonia, padre de Alejandro Magno, se enteró en el mismo día del nacimiento de su hijo, del triunfo de uno de sus ejércitos y del éxito de sus caballos en una carrera muy importante. Preocupado por tantos logros se retiró de la mirada de los demás, se arrodilló y suplicó a los dioses que le enviaran una desgracia pequeña.

De seguro resonaba en su mente el consejo escrito en la entrada del oráculo délfico: *nada en demasía*.

A su manera, Filipo pedía una falta menor.

Un pedido innecesario porque la falta viene con nosotros, es estructural. Quienes creen tenerlo todo se equivocan y a veces pagan caro su desmesura.

* * *

Alejandro Dolina hacía su presentación en la Feria del libro de Buenos Aires. La sala estaba colmada, y todos escuchábamos por demás atentos.

En un momento, la puerta del salón se abrió. Nadie giró para ver lo que pasaba hasta que Alejandro se interrumpió y con ojos emocionados dijo:

–Señores, pongámonos de pie. Acaba de entrar un escritor. El señor Adolfo Bioy Casares.

Fue la única vez que lo vi, pero me guardo el recuerdo de aquella figura alta y delgada que avanzaba con gesto sonriente.

De todas sus obras, *El sueño de los héroes* es mi preferida.

Se trata de una novela breve que tiene como protagonista a Emilio Gauna, un muchacho humilde de la Buenos Aires de comienzos del siglo XX.

Gauna es una persona educada y querida por todos. Un día del año 1927, en un comercio de su barrio, adquiere un boleto de apuestas con el que gana una considerable suma de dinero. Dada la cercanía del carnaval, el joven decide gastarlo en las tres noches de fiesta junto a sus amigos. Uno de ellos propone que inviten también al doctor Valerga, un oscuro personaje, bastante mayor.

En la obra se percibe que el título de "doctor" suena afectado, fingido. Que se trata de un gesto de respeto y temor de los jóvenes hacia ese hombre cuyos modos concuerdan más con los de un cuchillero que con los de un profesional.

Al concluir aquellas noches de desenfreno, Gauna despierta habiendo perdido casi todo recuerdo de lo ocurrido. Apenas conserva algunas imágenes que cada tanto lo visitan: una sala de baile, una mujer disfrazada de dominó, una discusión, un cuchillo.

Sin embargo, algo ha cambiado. Algunas personas ya no están en el barrio y ya nadie lo mira con afecto. Ahora lo observan con temor.

En un intento por averiguar qué pasó habla con el brujo Taboada, un buen hombre que le aconseja que se olvide del asunto si no quiere despertar la tragedia. En una de sus visitas conoce a la hija del vidente, Clara, de la que se enamora y con quien se casa poco después. Pero a pesar de este amor, Emilio Gauna no se siente feliz.

Cada tanto le vuelve alguna escena, un sueño perturbador, y la duda que lo atormenta: ¿qué habrá pasado en esos días de carnaval? Sin embargo, bajo la influencia de Clara y su padre, se aleja de sus viejos amigos y recupera una vida feliz. Hasta que Taboada muere. Entonces, algo cambia.

Contrariando el deseo de Clara, Gauna vuelve a frecuentar a sus amigos. Han pasado tres años. La necesidad compulsiva de averiguar qué fue lo que sucedió en aquellas noches se vuelve intolerable y toma una decisión.

En la víspera del carnaval, como lo hiciera entonces, regresa al mismo negocio, compra nuevamente un boleto de apuesta y gana otra vez. Seguro de que se trata de una señal, vuelve a invitar a sus amigos, a Valerga, y sale decidido a repetir cada movimiento realizado tres años atrás. A medida que lo hace el pasado retorna de a poco a su memoria y lo pone frente a una verdad inesperada. Se ve a sí mismo contemplando los hechos de crueldad que sus amigos llevan adelante por orden del doctor. En un baile reencuentra a la mujer disfrazada de dominó y comprueba que no es otra que Clara. La pierde entre el gentío y un malentendido absurdo genera una disputa entre Valerga y él. Una disputa que hace tres años interrumpió el brujo Taboada. Pero Taboada ya no está y lo que comenzó con una discusión tonta termina en un duelo.

Escribe Bioy:

En un abra del bosque, rodeado por los muchachos, como por un cerco de perros hostiles, enfrentado por el cuchillo de Valerga, era feliz.

Nunca se había figurado que su alma fuera tan grande ni que en el mundo hubiera tanto coraje [...]. Don Serafín Taboada le había dicho una vez que el coraje no era todo; don Serafín Taboada sabía mucho y él poco, pero él sabía que es una desventura sospechar que uno es cobarde. Y ahora sabía que era valiente.

Ahí, frente a él, está la respuesta a la duda que lo viene atormentado desde hace tanto tiempo. Una respuesta que necesitaba conocer. Sólo por eso está ahora en aquel bosque arriesgando su vida frente a un rival mucho más hábil y experimentado. No pelean por nada que no sea ver cuál de los dos es "más hombre".

No necesita otro motivo. Después de todo, *la muerte, para tener un sentido debe ser gratuita.*

Y sin que importen Clara, Taboada ni la vida, el duelo continúa.

Vagamente sospechó ya haber estado en ese lugar, a esa hora, en esa abra, entre esos árboles cuyas formas eran tan grandes en la noche; ya haber vivido ese momento. Supo, o meramente sintió, que retomaba por fin su destino y que su destino estaba cumpliéndose. También eso lo conformó. No sólo vio su coraje, que se reflejaba con la luna en el cuchillito sereno; vio el gran final, la muerte esplendorosa.

La muerte esplendorosa. Destino ansiado por el goce.

Es lo que encuentra quien despierta a la mañana sin saber qué hizo la noche anterior, quién lo bañó y acostó. El fin de una noche de desmesura, no de placer. Noches a las que nos convida este tiempo que va por todo sin aceptar un límite. Como Gauna que despierta una mañana para comprobar que sus vecinos le temen, que todo es distinto y se pregunta qué pasó.

El joven necesita reconstruir ese pasado que huye de su memoria, pero en lugar de analizarse, recordar y reelaborar lo sucedido, decide repetirlo. Un camino equivocado. El sendero al que nos impulsa la pulsión de muerte: la repetición. Y descubre que siguiendo la voz imperativa del doctor Valerga (El Superyó), aquel grupo de amigos había ido por todo. Excesos, violencia, abusos y peleas, hasta llegar incluso a la muerte.

Hemos dicho que todo no se puede. Algo debe faltar, por más que nos pese. Es la desgracia "pequeña" que pedía Filipo de Macedonia, la finitud que nos diferencia de los dioses para convertirnos en esas hojas que nacen, mueren y se las lleva el viento.

Algunos creen que serán felices al tenerlo todo.

Mientras Gauna estuvo con Clara y el brujo, sin sus amigos, sin sus recuerdos ni su pasado, fue feliz.

Cuando recuperó todo: dinero, amigos, memoria y un líder sin freno, encontró la muerte.

Chesterton dijo:

La visión depende siempre de un veto. Todas las cosas enormes que se os conceden dependen de una sola y diminuta cosa que se os prohíbe.

Un análisis se propone legalizar el Inconsciente y aceptar la castración. Es decir, comprender que hacemos cosas cuya causa ignoramos y que nunca conseguiremos todo lo que deseamos.

Esta época globalizada, tecnológica y cruel se resiste a esa idea, por eso se resiste al Psicoanálisis y propone técnicas que buscan resultados en lugar de verdades y triunfadores en lugar de $ujetos deseantes. Pero ir por todo y no aceptar un "no" como respuesta, lejos de ser una actitud que nos acerca a la felicidad, nos lleva a la locura.

Es necesario desenmascarar este mandato perverso del sistema en que vivimos, porque en realidad la frase "disfrutá más" encubre una orden distinta: "consumí más". Un celular mejor (que en dos meses será obsoleto), unas horas más de juego (aunque nos aísle de los demás), una copa más de alcohol, y muchas metas que, por inalcanzables, nos condenan a la frustración. Y movidos por esos imperativos culturales vamos por más, hasta que "vamos por todo", incluso por nosotros mismos.

De esa manera iniciamos un camino donde ser felices es imposible. La época ofrece y ordena, y aunque compremos todo lo que esté a nuestro alcance y acatemos todos sus mandatos vendrá siempre una oferta nueva, un propósito más para señalarnos que todavía no alcanzamos lo que se espera de nosotros. En esa rueda imposible de frenar se anula el $ujeto deseante que nos recorre y perdemos de vista quiénes somos para quedar alienados al ideal que la cultura nos ordena alcanzar. Ideales que no son ofertas, son órdenes. Voces del Superyó social que nos intima: opiná, comprá, sé. Así vamos por la vida sosteniendo acaloradamente opiniones que no son nuestras, esforzándonos por comprar cosas que eligieron otros e intentando ser sin saber qué deseamos. Y sin darnos cuenta nos aislamos de a poco detrás de las cosas, de las redes. En definitiva, nos quedamos solos en el intento inconsciente de cumplir esos mandatos.

* * *

Cuando era chico el timbre de mi casa sonaba varias veces por día. Eran amigos que venían a buscarme para jugar. Yo salía con ellos a tocar más timbres, y al rato éramos diez o doce chicos que compartíamos el tiempo juntos. Con una sola pelota jugábamos todos.

Hoy, doce chicos requieren doce computadoras, tabletas o celulares para seguir solos en su cuarto fingiendo una comunicación que en realidad no existe.

Pero, ¿qué importa? Si después de todo, "la felicidad depende de uno".

Freud sostuvo que los síntomas siguen la modalidad de la época. Es decir que todo $ujeto debe enfrentar los desafíos que le plantea el momento histórico que habita. Y este momento presenta algunas complicaciones. Entre ellas, el empuje a la desmesura y al individualismo.

Los siete años de dictadura cívico-militar marcaron una de las épocas más oscuras de la historia argentina. Sin embargo, al hablar de ella, no falta quien diga: "Yo con los militares no la pasé tan mal". "A mí no me hicieron nada".

Esa persona que comienza diciendo "yo", o "a mí", se coloca como centro del mundo y por eso no le importan los campos de concentración, las torturas ni las desapariciones. Y ese individualismo es hoy más incentivado que nunca.

La realidad virtual es una confesión descarada del intento de arrojarnos a un lugar donde estemos completamente solos en un universo propio que renuncia al entorno.

Con la realidad virtual desaparece todo. El living de nuestra casa puede transformarse en un bosque o una cumbre nevada, y ni siquiera es necesario un compañero para jugar a las espadas porque podemos hacerlo solos. En casa, sin rival. Y sin espada.

Observemos desde afuera y preguntémonos qué sensación nos genera ver a alguien con un antifaz que mueve su brazo por el aire, se agacha y arremete contra enemigos inexistentes.

Los juegos de la niñez hacen algo parecido. Aunque los niños apelan a su imaginación, a sus fantasías, y lejos de huir de la realidad simbolizan de esta manera sus temores y anhelos. En lugar de alejarlos de los demás, estos juegos conectan a los chicos con el mundo y les permiten transmitir deseos y angustias que todavía no pueden comunicar con palabras.

Los analistas diferenciamos la "realidad psíquica" de la "realidad objetiva" y ponemos nuestro interés en la primera, pero de ninguna manera pretendemos el aniquilamiento del mundo real.

El Psicoanálisis pondera un mundo con otros, aunque sea para malentenderse. Por eso rechaza la invitación al egocentrismo, que no es la soledad, sino la ignorancia de la existencia del otro.

* * *

Según la mitología griega, mientras moría, Heracles (Hércules) ordenó a sus amigos que lo quemaran en una pira para evitar el dolor intenso que sentía. Todos se negaron, excepto Filoctetes, único testigo de la muerte del héroe quien le hizo jurar que jamás revelaría el lugar en que estaba aquella pira. Pero Filoctetes rompió ese juramento.

Los dioses lo castigaron por su traición haciendo que una de las flechas que le había dejado Heracles se le clavara en un pie. Como sabemos, aquellas flechas estaban impregnadas de la sangre de la Hidra de Lerna, que cuando no causaba la muerte condenaba a la víctima a sufrir dolores espantosos.

Como consecuencia de la herida, a Filoctetes se le produjo una llaga incurable que emanaba un olor nauseabundo a causa del cual sus compañeros, que iban a combatir a Troya, decidieron abandonarlo en la isla de Lemnos, donde vivió diez años en la más absoluta soledad (aunque el mitólogo Pierre Grimmal señala que, más que por su olor, Filoctetes fue abandonado por los gritos que le arrancaba el dolor y que no podía reprimir).

Se cuenta que el dios Apolo acudió en su ayuda. Lo sumió en un profundo sueño mientras Macaón, médico que acompañó la Guerra de Troya, cortaba con un cuchillo la carne muerta y lavaba la llaga con vino antes de aplicarle una planta secreta que el hijo de Asclepio había recibido del centauro Quirón.

Tiempo después, ya curado, Filoctetes murió luchando contra indígenas bárbaros. En esta oportunidad una flecha común le atravesó el pecho.

Señalo en esta historia el pasaje en que deciden abandonar al hombre por no soportar su sufrimiento.

Siempre me impresionó la imposibilidad que algunas personas tienen de acercarse al que está enfermo, al que huele a muerte, y la dificultad de dar oído a los gritos del dolor.

Es lo que hago todos los días en el consultorio. Prestar mi escucha, mi palabra y mi presencia para contener gritos, a veces silenciosos, que surgen de la angustia y la incomprensión.

Es parte del desafío que enfrenta un analista: arrancar al solitario de su isla de padecimiento.

Dijimos que toda persona debe enfrentar los retos que le presenta su época. Y estos son tiempos en que el dolor ajeno repele. Pero tarde o temprano deberemos acercarnos a él porque no es posible la felicidad sin otros. Y muchas veces esos otros están sufriendo.

Hemos hablado de esa tendencia a unir la felicidad al éxito. Entonces podríamos deducir que el fracaso queda unido al sufrimiento.

Es una postura extraña. Sobre todo, si tenemos en cuenta que en la vida siempre se fracasa más de lo que se triunfa. A pesar de eso, la apología del éxito ha transformado la derrota en una vergüenza.

Se trata de una falacia.

No siempre el éxito nos enorgullece y nos hace felices. Tampoco la derrota debería condenarnos a la desdicha.

La Vuelta de Obligado es una derrota honrosa que nos dibuja una sonrisa. En cambio, la Guerra contra el Paraguay es un triunfo vergonzoso que nos obliga a bajar la mirada.

La manera en que se alcanza un fin debería ser trascendente. Sin embargo, el mandato social nos invita a
caminar en otra dirección.

Si, como dijo Michel Foucault, la verdad es la verdad del poder, podemos deducir quién ha instalado
esta falacia y para qué.

Desde el comienzo de este ensayo nos preguntamos por la felicidad. Digamos algo al respecto: no es
posible ser feliz cuando se siente culpa.

Sostener que la felicidad depende sólo de uno
mismo es un argumento que abona la teoría de la meritocracia. Una mirada perversa que elude la responsabilidad de un sistema injusto y deja la culpa del lado
de quien no pudo alcanzar el ideal.

IV
LA FELICIDAD EN TIEMPOS DE DISFRUTE

El éxito es una cosa repugnante. Su falso parecido con el mérito engaña a los hombres de tal modo que, para la multitud, el triunfo tiene casi el mismo rostro que la superioridad.

VICTOR HUGO

VI

LA FELICIDAD EN TIEMPOS DE DISFRUTE

1. FELICIDAD Y ÉXITO

El autor de *Los miserables*, la novela que llevé en mi primer viaje de domingo en tren, no fue sólo un escritor genial. Fue un luchador. Parafraseando a Juan el Bautista, fue una voz que gritaba en el desierto. Desde sus obras y su militancia política se alzó en defensa de quienes padecían injusticias. Los pobres, las mujeres.

> *Es difícil lograr la felicidad del hombre con el sufrimiento de la mujer.*

Como lo hicimos con Freud, pongamos en contexto estas palabras en boca de un hombre nacido en 1802 y comprenderemos la importancia de su pensamiento para enfrentar las desigualdades de la época.

Cuando era chico pensaba que "miserable" era un insulto. Con esa idea tomé aquella novela.

Lejos de lo que creía, Victor Hugo me llevó a recorrer la vida de los condenados a la miseria. De su mano aprendí a amar a los "miserables" y a conmoverme con sus historias. También me ayudó a descubrir a un "falso amigo".

Desenmascaremos a otro de ellos. Uno que la teoría de la meritocracia quiere sentar a nuestra mesa: el éxito.

El éxito no es el mérito.

La palabra "éxito" proviene del latín *exire*, formada por *ex* (fuera) e *ire* (ir). Es decir, ir afuera, salir. Aunque también se utilizaba para indicar "fin", "término". El idioma inglés la tradujo como *exit*, una señal que vemos en todos los aeropuertos del mundo para indicar la salida. También solemos utilizarla de manera habitual al referirnos a alguien que se ha ido de nuestra vida o una relación que llegó a su fin: un "ex".

En el año 1732 se registró en castellano con su significado inicial, y con el tiempo fue cambiando hasta encontrar su sentido actual: "salida feliz". Final feliz. Es decir, meta alcanzada.

En cambio, "mérito" proviene de *meritus*, participio pasivo de *mereō*: merecer.

Es evidente que hay una gran distancia entre algo que termina y algo que se merece. A veces para bien, a veces para mal, no siempre las cosas concluyen como deberían.

La meritocracia intenta confundirnos con este "falso amigo" y busca que creamos que el éxito, el final feliz, tiene que ver con el merecimiento.

No es cierto.

La vida no sabe de justicia.

Miremos alrededor y comprobaremos que no siempre ganan los mejores. El mundo está lleno de triunfadores sin mérito y meritorios sin éxito. Y de gente con éxito que es infeliz.

El sistema reinante es cruel y, como a la vida, no le importa los merecimientos. Es un modelo perverso que exige el éxito sólo en tanto que fin. Su imperativo es: "triunfa". Un mandato que esconde el resto de la frase que la Gestalt completa: "no importa cómo". He aquí lo perverso de la cultura que encuentra su referente interno en la figura tirana del Superyó que encarna una ley insensata. Y como el sistema impone "triunfa", el Superyó ordena: goza.

Así, aquellos que alcanzaron la meta son expuestos como ejemplo. Muchos lo han hecho con armas nobles, otros no tanto, y hay quienes contaron apenas con un golpe de suerte.

El azar es un tema que vale la pena tener en cuenta a la hora de pensar en la felicidad.

Los seres humanos no controlamos todo. No establecemos certezas y caminamos tranquilos sobre ellas.

Por el contrario, tenemos dudas y oscilamos entre lo posible y lo imposible.

Borges ironizaba que *lo que llamamos azar es nuestra ignorancia de la compleja maquinaria de la causalidad.*

Al igual que Borges, Voltaire sostuvo que azar era una palabra sin sentido porque *nada puede existir sin causa.* Algo parecido pensaba Henri Poincaré: *El azar no es más que la medida de la ignorancia del hombre.*

Desde la vereda opuesta, Eurípides, uno de los tres grandes poetas trágicos de la Grecia antigua, dijo: *Sostener que existen los dioses, ¿no será que nos engañamos con mentiras y sueños irreales, siendo que sólo el azar y el cambio mismo controlan el mundo?*

Como él, Nietzsche nos invita a *librar todas las cosas de la servidumbre de un fin. En las cosas encuentro yo esta seguridad bienaventurada: que todas bailan con pies de azar.* También Séneca abraza esta mirada: *Verdaderamente, el azar tiene mucho poder sobre nosotros, puesto que, si vivimos, es por azar.*

Stephen Hawking dijo alguna vez: *He notado que incluso aquellos que afirman que todo está predestinado y que no podemos cambiar nada al respecto, miran a ambos lados antes de cruzar la calle.*

En medio de esta disputa, en plena duda, Alejandro Dolina se pregunta: *¿Es el azar el nombre de nuestra ignorancia o el universo contiene episodios impredecibles?*

Tal vez el azar sea otro de los nombres de Dios. Un dios extraño que puede quebrar todo: la felicidad, la tristeza, el amor y la vida misma.

* * *

Esquilo fue un dramaturgo nacido en Eleusis en el 525 a. C. Se lo considera el fundador de la tragedia griega. Escribió unas noventa obras, aunque sólo sobrevivieron siete, en su mayoría referidas al mundo mitológico. Además, era soldado. Combatió contra los persas en Maratón, en Salamina y en Platea.

En el año 456 a. C., ya viejo, Esquilo paseaba por unos caminos cercanos a Atenas cuando un águila que volaba sobre él dejó caer una tortuga que había capturado. El animal cayó en la cabeza del dramaturgo y lo mató.

Esquilo podría haber andado por otra senda, o el ave por otros cielos.

¿Destino, merecimiento o azar?

Guillaume Le Gentil nació en Francia en el año 1725.

Instado por su familia a tomar los hábitos estudió teología con los jesuitas parisinos donde conoció a Joseph Delisle, un famoso astrónomo y cartógrafo. Entusiasmado por lo que aprendía a su lado, Le Gentil tomó la decisión de dedicarse al estudio de la astronomía.

Ingresó en la Academia de Ciencias en 1753. Pocos años más tarde ya había ganado una importante reputación. Fue por entonces que comenzó a planearse una expedición internacional con la misión de medir la distancia entre la Tierra y el Sol.

Para lograrlo era imprescindible aprovechar "el tránsito de Venus", un fenómeno astronómico que ocurre con una periodicidad extraña: cuatro tránsitos cada 243 años. Dos de ellos separados por ocho años y otros dos por más de cien. El último par de tránsitos había sido en 1631 y 1639, los próximos lo serían en 1761 y en 1769.

Más de un centenar de científicos se pusieron en movimiento en distintos puntos del globo con la intención de aprovechar esa oportunidad única para conocer con exactitud la distancia entre la Tierra y el Sol. Uno de ellos fue Guillaume Le Gentil.

El astrónomo decidió que el punto ideal para tomar las referencias era Pondicherry, una región de la costa oriental de la India, en aquel entonces parte del reino de Francia. Partió con quince meses de anticipación. Tiempo de sobra para asentarse e instalar los aparatos de medición. Pero los vientos desviaron la trayectoria de la embarcación y casi naufraga. Aun así, logró llegar a destino, pero no pudo desembarcar a causa de la situación política de la zona: los ingleses habían invadido el lugar.

Obligado a tomar sus mediciones desde un barco averiado y en permanente movimiento, sus cálculos resultaron inservibles.

Sabiendo que el fenómeno se repetiría ocho años después, eligió un nuevo destino: Manila, capital de Filipinas, hacia donde partió sin dudarlo. Sin embargo, el 23 de octubre de 1766 el monte Mayón, un volcán que llevaba 150 años sin actividad, entró en erupción y Le Gentil tuvo que escapar con urgencia.

Tras la firma del Tratado de París, Pondicherry, su destino original volvió a estar bajo gobierno francés y el astrónomo retomó su plan inicial.

Establecido en la India desde inicios de 1767, esta vez tuvo tiempo de sobra para prepararse. Construyó un observatorio, instaló los instrumentos, los revisó hasta el hartazgo y esperó la fecha indicada.

Aquel día amaneció tan luminoso como los anteriores, pero al llegar el momento anhelado, una nube, una sola e imperturbable nube, se posó ante el Sol durante las casi tres horas que duró el fenómeno y Le Gentil no pudo observarlo.

En el pueblo sólo se escuchaban su llanto y sus insultos.

Tras nueve años de viajes, vicisitudes y desdichas, el segundo tránsito de Venus pasó sin que él pudiera anotar ni una sola referencia válida. Ya nunca podría hacerlo. Si los cálculos eran correctos –y lo eran– el siguiente tránsito tendría lugar el 9 de diciembre de 1874. Faltaban más de cien años.

Le Gentil dejó escrito en sus diarios:

*He viajado más de diez mil leguas, he cruzado
una multitud de mares, exiliándome de mi propia tierra, solo para ser testigo de una nube fatal
[...] que me apartó de los frutos de mis sufrimien-
tos y fatigas.*

Nueve años de esfuerzo, más de diez mil leguas
recorridas y bastó una sola nube para que en lugar
del éxito Guillaume Le Gentil encontrara el fracaso.

¿Destino, merecimiento, azar u obsesión?

Porque en esta historia no sólo jugó la mala suerte.
También la obsesión hizo su parte. Esa obsesión que
puede dañarnos cuando no aceptamos la castración.

Sin apelar a grandes gestas, en la vida cotidiana nos
topamos con este tipo de comportamientos.

Son muchas las personas que se obsesionan por
conseguir algo e insisten más allá de lo razonable, aunque la vida les demuestre que no van a alcanzar lo que
desean. Enamorados que se niegan a aceptar que ya
no los aman e insisten en el intento de recuperar lo
perdido sin aceptar que ese retorno es imposible. Con
un comportamiento patológico toman partido por su
deseo y niegan los datos de la realidad. Y así persisten
en una batalla inútil.

No es cierto que querer es poder. Aceptar la derrota no es lo mismo que darse por vencido. No se
trata de una mirada conformista sino de la capacidad

de aceptar lo más doloroso de la condición humana: todo no se puede.

De eso se trata también un análisis. De llevar a que el paciente acepte su punto de castración, que enfrente el mandato superyoico que lo impulsa a seguir a cualquier costo, aunque la persona se lastime, se denigre. Aunque muera en el intento por conseguir lo que no será.

Esto no es azar. No es destino ni merecimiento. Es goce. Y se llama pulsión de muerte.

Existe un cuento persa, muy breve, llamado "Los tres príncipes de Serendip".

Serendip era el nombre árabe de un reino antiguo que más tarde fue llamado Ceylán y hoy, Sri Lanka.

El cuento narra los descubrimientos casuales que unos príncipes iban realizando a medida que viajaban. Así se acuñó un término para dar cuenta de hallazgos involuntarios: "*serendipity*". Término que en castellano se tradujo por el neologismo *serendipia*.

Tal vez el descubrimiento casual más importante sea el que realizó el médico escocés Alexander Fleming.

Fleming era un hombre bastante desordenado, lo que resultó una ventaja para su descubrimiento.

Según parece, el médico debía completar unos experimentos que su amigo Melvyn Price había dejado inconclusos al retirarse del laboratorio que compartían.

Y ahí estaba Fleming, en medio de su desorden, rodeado de placas con cultivos de estafilococos, cuando de pronto encontró que una de ellas se había contaminado con moho. La observó y vio que en las zonas donde crecía el moho habían desaparecido los estafilococos. Tomó una muestra y la guardó para próximos estudios. Fue su primer cultivo con el hongo "Penicillium".

Fleming denominó Penicilina a aquella sustancia desconocida que había diluido las bacterias.

Aunque reconoció de inmediato la trascendencia de este hallazgo, sus colegas lo subestimaron. Sin embargo, el antibiótico despertó el interés del gobierno de Estados Unidos que aceptó financiar sus investigaciones. Por entonces se estaba librando la Segunda Guerra Mundial y ese descubrimiento podía ser vital. Y lo fue. Tanto que en el año 1945 Alexander Fleming recibió el premio Nobel de Medicina por el descubrimiento de la Penicilina.

Muchos se enojaron. Sostenían que Fleming no debía recibir el premio, pues solamente hizo una observación azarosa sobre un error que había cometido.

Era cierto. Aunque, como sostuvo La Rochefoucauld, por más que los hombres se vanaglorian de sus grandes obras, *frecuentemente no son estas el resultado de un noble propósito, sino efecto del azar.*

Premio Nobel. Reconocimiento. Éxito.

¿Merecimiento o azar?

Creer que todo logro o derrota es merecido es un error.

Con frecuencia, se evita reconocer la importancia del azar porque niega la idea de que todo depende de nosotros y pone un límite a la soberbia humana.

Nos guste o no, la vida es –en gran medida– azarosa, y hay cosas que no podemos controlar. Aunque vale la pena el esfuerzo de intentar el merecimiento. Porque, como dijo Pasteur: *el azar sólo favorece a los espíritus preparados.*

* * *

Hemos dicho que toda persona habita en un lugar y un tiempo que le impone desafíos. Es evidente que no era lo mismo vivir en la Edad Media que ahora. Aunque no es necesario ir tan lejos para notar la diferencia, porque tampoco era igual vivir aquí hace cincuenta años que hoy, en la era de la tecnología en la que todo parece tan sencillo. Donde ya no es necesario ir a una biblioteca y pasar horas investigando porque basta con formular la pregunta en el celular para obtener una respuesta instantánea. Donde un GPS nos guía sin problemas a lugares que desconocemos y hasta podemos enamorarnos y sostener relaciones sin presencia. Sin cuerpo.

¿Quién puede negar los beneficios de la tecnología? Pero no nos engañemos. Esta época también nos impone retos muy difíciles de afrontar.

Adelantamos que Freud distinguía tres fuentes de las que provenía el sufrimiento humano. La primera de ellas es nuestro cuerpo que a veces se cansa o enferma. Un cuerpo condenado a envejecer y perecer. La segunda es el mundo con sus catástrofes (tsunamis, sequías, inundaciones, recalentamiento global o terremotos). Y la tercera, tal vez la más difícil, es la relación con otros seres humanos. Personas que pueden amarnos, odiarnos, alejarse de nuestras vidas, decirnos cosas que lastiman o simplemente morir. Y por estos días, el poder que esta tercera fuente tiene para generar sufrimiento se ha amplificado de manera exponencial.

Cuando las Sagradas Escrituras profetizaron que el fin del mundo sería presenciado por todos y en todas partes, que algunas voces se alzarían y serían escuchadas en cada rincón del planeta, muchos lo interpretaron como una metáfora o el producto de un delirio místico. ¿Cómo podría un habitante de Egipto escuchar una voz que se alzara desde Creta?

Aquello que entonces parecía imposible, hoy es una realidad.

Los avances tecnológicos, y sobre todo las redes, nos permiten ver en tiempo real lo que ocurre, ya no en el Coliseo romano o el Pentágono, sino en la casa de cada persona en cualquier rincón del mundo.

Esta posibilidad de intercambiar experiencias, compartir información, chatear y comunicarse a la distancia genera la falsa idea de un acercamiento verdadero. Como si el mundo global hubiera borrado las diferencias y sin importar si hemos nacido en Hong Kong o Montevideo, todos los seres humanos tenemos iguales problemas y somos atravesados por las mismas necesidades. Y esto es, al mismo tiempo, una verdad y una falacia.

La falacia es negar las diferencias que no pueden ser ignoradas. Pensar que la historia, la geografía y el pasado de un pueblo no tienen incidencia sobre los valores y la idiosincrasia de su gente. Que da lo mismo haber atravesado o no el horror de Hiroshima o la ESMA. No es verdad. Los hombres cuyos pueblos han sufrido injusticias, tragedias o torturas son distintos a los que se han visto libres de estos tormentos. Hay algo que recorre el pensamiento, que se transmite y se hace carne a partir de la palabra.

Si algo nos ha enseñado el Psicoanálisis es que todo sujeto es único. Su historia personal, sus mecanismos de defensa, su manera de relacionarse con sus deseos y su goce, lo hace un habitante solitario de la realidad psíquica de la que debe hacerse cargo.

Por más que los fundamentalistas de la ciencia sostengan que los mismos estímulos químicos generan iguales reacciones en todas las personas, aquí estamos los $ujetos deseantes para desmentirlos. Cada uno enfrenta sus miedos, sus duelos y sus sueños como puede. Y cada quien puede distinto.

¿Cuál es la parte veraz de esta idea que sostiene el mundo global? ¿Qué es aquello que nos iguala?

Algo que antecede a las redes y a la era de las comunicaciones. El hecho de que todos, no importa nacionalidad, idioma o religión, debemos enfrentar los dos grandes enigmas de la humanidad: la sexualidad y la muerte. No importa de dónde seamos, afrontar esos enigmas y construirnos como sujetos del deseo y de la palabra es el desafío de todo ser humano, ya sea que su voz se escuche en todo el mundo o que realice esta tarea en la soledad íntima de su cuarto.

Las redes sociales que abrieron un universo para fomentar la comunicación son también el germen de malentendidos y de dolor. Hoy se sufre porque alguien no hizo un posteo para saludar por un cumpleaños, o porque nuestra pareja dio un "me gusta" a una persona que consideramos inconveniente. Amparados en el anonimato, la agresión es moneda corriente y la posibilidad de que cualquier desconocido opine y juzgue nuestras actitudes es motivo de angustia.

Además, no sólo habitamos la época de la tecnología sino la de la desmesura. Entonces, como señalamos, nos encontramos con la exigencia de "ir por todo" aun sabiendo que todo no se puede. Sin embargo, la cultura alza su voz y nos grita que sí, que querer es poder y que basta con desear algo para atraerlo. Un pensamiento mágico. El deseo no atrae nada. A lo sumo, y no es poco, nos pone en movimiento para conseguir lo deseado. Aun así, es posible que no alcancemos la meta. Entonces se nos echará en cara que no hemos sabido desearlo "suficientemente bien", y en lugar de sentirnos tristes por no haber alcanzado lo que queríamos, u orgullosos por el esfuerzo que hicimos para obtenerlo, debemos sentirnos culpables y avergonzados porque el fracaso ha sido por nuestra causa.

Como señaló la psicoanalista española Rosa López:

¿Cuál es el problema? Que ahora se nos impone la obligación de disfrutar, de gozar y de ser felices.

En mi práctica clínica he observado que el significante "felicidad" ha pasado de moda y en su lugar hay uno que se llama "disfrute". Hay que disfrutar y si no he disfrutado está mal. Y me parece interesante este cambio de matiz porque felicidad tiene un tono ideal, mientras que el disfrute tiene un tono más bien de goce. Es decir, que el ideal actual es el goce, por decirlo rápido, es gozar y disfrutar.

La modernidad ha traído consigo algunos beneficios que sería superfluo enumerar, pero de su mano también han llegado algunos mandatos peligrosos.

Un mandato es una frase, una palabra, un ejemplo, un modelo a seguir que se aloja como una voz inconsciente que empuja hacia una dirección y establece, incluso, cómo hay que amar o sufrir.

Los mandatos se graban a fuego e instalan un *deber ser* que cae sobre una persona, le impone una conducta y condiciona hasta su modo de pensar.

Nuestra época ha establecido el imperativo de disfrutar, y todo disfrute se ha ligado al consumo de bienes o sustancias. Como esas cosas sólo se adquieren con dinero, este modelo hace del hombre alguien que se esfuerza para adquirir todo lo que esté a su alcance. Y en esa alocada carrera consumista corremos el riesgo de olvidarnos de nosotros.

Se cuenta que antes de partir a la conquista de Asia, Alejandro Magno quiso detenerse en Corinto. El hombre más poderoso del mundo tenía un anhelo: conocer a Diógenes, el filósofo que, como todos los cínicos, consideraba que la civilización era un profundo mal.

Alejandro había sido educado ni más ni menos que por Aristóteles. Tal vez por eso se sorprendió tanto al encontrar a aquel indigente cuya imagen distaba mucho de la del sabio que lo había instruido.

Diógenes vivía en la calle con la única compañía de unos perros.

Al verlo en una situación tan precaria, Alejandro le preguntó si podía hacer algo por él.

—*Sí* —respondió el filósofo—. *Apártate, que me estás tapando el sol.*

El conquistador, lejos de ofenderse por la respuesta, lo miró con admiración y dijo:

–*De no ser yo Alejandro, hubiera elegido ser Diógenes.*

Esta alegoría señala la diferencia entre dos maneras de concebir el placer. Alejandro pensaba en qué bienes podía dar a Diógenes para que estuviera mejor. El filósofo en regocijarse de su momento presente.

Lejos del facilismo que sugieren esas frases que aconsejan que debemos caminar más tiempo descalzos o comer más helados y menos verduras, rescato la necesidad de recuperar un espacio para el pensamiento, para la creación, para la pregunta acerca del propio deseo, porque en medio de esta carrera alocada corremos el riesgo de olvidar quiénes somos y qué queremos. Y de esa manera nos alejamos aún más de la posibilidad de ser felices.

Esa mentalidad del "todo ya" embiste también contra el Psicoanálisis. Se nos cuestiona que nuestros pacientes pierden tiempo acostados en el diván pensando, en lugar de solucionar pronto los problemas y volver a producir.

Sin embargo, desde nuestros consultorios, continuamos apostando al tiempo dedicado a uno mismo, a ese espacio en el cual la única producción es el sentido, la emoción o la pregunta acerca de cuál es el deseo que recorre al paciente. Y no bajaremos los brazos.

Les guste o no seguiremos "perdiendo el tiempo" contando sueños, hablando del pasado o, por qué no, llorando en silencio. O a gritos.

El análisis no es un lugar placentero, aunque a veces el placer resulta indispensable para alcanzar la felicidad. Pero el placer no es el disfrute constante que promueve nuestra cultura. Ese disfrute es goce, ese impulso irrefrenable del Superyó que nos empuja a la búsqueda infructuosa de una completud imposible.

Aunque vayamos siempre por más y más disfrute, tarde o temprano encontraremos un límite, porque nadie puede gozar de manera ilimitada. Si seguimos avanzando nuestro cuerpo dirá basta y pondrá ese límite. Incluso con la muerte.

2. UN MUNDO FELIZ

En su libro *Happycracia. Cómo la ciencia y la industria de la felicidad controlan nuestras vidas*, el psicólogo Edgar Cabanas y la socióloga Eva Illouz denuncian que la llamada "ciencia de la felicidad" es engañosa y que, por lo general, lejos de dar lo que promete, genera resultados indeseables: induce a la búsqueda del "crecimiento personal" como forma de conseguir la felicidad.

Una vez más, nos encontramos con el intento del sistema de eludir toda responsabilidad y dejar la culpa del lado de los $ujetos en falta que caminamos este mundo. Aunque en ese mandato que empuja a una realización personal que nunca se alcanza esté el germen de la insatisfacción y el malestar para el cual, paradójicamente, esta ciencia promete una solución.

Según Cabanas e Illouz:

Al establecer la felicidad como un objetivo imperativo y universal pero cambiante, difuso y sin un fin claro, la felicidad se convierte en una meta insaciable e incierta que genera una nueva variedad de "buscadores de la felicidad" y de "hipocondríacos emocionales" constantemente preocupados por cómo ser más felices, continuamente pendientes de sí mismos, ansiosos por corregir sus deficiencias psicológicas, por gestionar sus sentimientos y por encontrar la mejor forma de florecer o crecer personalmente.

El sistema ordena: "¡Divertite! ¡Disfrutá!". Nuestra psiquis lo traduce: "¡Gozá!"

Un mandato condenado al fracaso. Porque el goce supremo es imposible. Al menos mientras estemos con vida.

Además, nadie puede ser feliz a la fuerza. La felicidad como imperativo es un oxímoron, una contradicción.

Por supuesto que no puede negarse que todo ser humano merece la oportunidad de ser feliz. Pero esa felicidad jamás podrá lograrse si lo que impulsa su búsqueda, en lugar de un deseo genuino, es un mandato social que ordena gozar.

Señalan los autores que la ciencia de la felicidad nos obliga a elegir entre estar bien o sufrir. Como si tuviéramos el libre albedrío para elegir siempre y, una vez más, como si todo dependiera de nosotros.

Así, los que no utilizan las adversidades y los reveses como incentivos y oportunidades para el crecimiento personal son sospechosos de querer y merecer, en el fondo, su propio malestar, independientemente de cuáles sean las circunstancias particulares.

Por lo tanto, al final no hay mucho que elegir: no solo estamos obligados a ser felices, sino a sentirnos culpables por no ser capaces de superar el sufrimiento y de sobreponernos a las dificultades.

En este párrafo aparece otra idea que se ha hecho fuerte en este tiempo: toda dificultad es una oportunidad de crecimiento.

Hace mucho comenzó a popularizarse una palabra: resiliencia. Una palabra que proviene de la física y refiere a los metales que mejoran cuanto peor se los trata.

Descarto que todos hemos visto alguna serie medieval en la que se muestra cómo se hacen las espadas. Vemos cómo el herrero calienta el metal hasta que está al rojo vivo y luego lo enfría sumergiéndolo en un barril de agua. Entonces lo pone en una mesa y comienza a golpearlo con una maza y repite esta operación varias veces. Cuanto más se renueve este procedimiento, cuanto más se caliente, se enfríe, se golpee y maltrate el metal, más noble será la espada. Eso es la resiliencia.

La psicología ha extrapolado el término y lo utiliza para referirse a aquellas personas que "mejoran y se hacen más fuertes" cuanto peor las trata la vida. Es cierto que en ocasiones es así. Pero es un error universalizar una reacción particular. Una respuesta que depende de cada ser humano, de su historia, de su manera de afrontar los dolores y de vérselas con sus deseos y con el imperativo de su goce. La resiliencia es una posibilidad y no una obligación. Además, ser resiliente no nos hace mejores personas. Muchos de los peores criminales de la humanidad lo han sido.

Aun así, en la actualidad la resiliencia se ha vuelto un ideal a seguir y quien no lo alcanza pierde el derecho a sentirse mal y debe experimentar la culpa de haber desaprovechado una oportunidad de crecimiento.

Es asombrosa la crueldad de la época que habitamos. Una época en la que la felicidad ha dejado de ser una opción para ser una obsesión y una herramienta de control.

Pero, ¿por qué caemos en la trampa? ¿Por qué nos entregamos a la búsqueda desenfrenada de una felicidad que ni siquiera tiene en cuenta nuestra subjetividad?

Porque la propuesta es esperanzadora.

Ya hemos hablado de las trampas de la esperanza.

Por lo general se define la esperanza como un sentimiento presente que se dirige hacia una situación futura. No es así. Como señala Comte-Sponville, la esperanza también puede apuntar al pasado. Por ejemplo, cuando deseamos que una reunión de trabajo que ha terminado (y en la que no estuvimos) haya salido bien. También tenemos esperanza hacia el pasado cuando miramos nuestra infancia anhelando encontrar destellos de felicidad.

¿Por qué nos aferramos con tanta facilidad a la esperanza? ¿Por qué tiene tanta "buena prensa"?

Porque genera un estado de bienestar psíquico.

Al negar la posibilidad de que algo salga mal y sostener sólo los pensamientos positivos nuestra mente se calma. Pero se trata de una calma engañosa porque, como dijimos, se apoya en la negación, la ausencia de placer, la ignorancia y la impotencia.

Así y todo, la ciencia de la felicidad aprovecha ese bienestar ficticio y nos empuja al pensamiento esperanzador de que sólo debemos decidirnos y cambiará nuestro destino, las cosas van a alinearse y atraeremos todo lo que deseamos. Por supuesto, esa conducta tiene un precio: olvidarnos de los demás y fanatizarnos por nosotros. Estar pendientes de nuestra imagen, nuestras actitudes, nuestro cuerpo, y no desviar la vista de la meta sin importar qué pase alrededor. Aunque el resto sufra. Por más que la injusticia los castigue. Después de todo, si sufren, es por su culpa.

La ciencia de la felicidad sostiene una ideología que estimula el egoísmo.

En *Encuentros* hablamos de la historia de amor entre Narciso y Eco. Recordémosla y profundicemos el tema.

Volvamos una vez más a *Las metamorfosis*.

Ovidio cuenta que la bella ninfa Liríope quedó embarazada al ser violada por el río Cefiso. El hijo que dio a luz era tan hermoso que al nacer se convirtió en el objeto de amor y adoración de las demás ninfas. Su madre acudió al ciego Tiresias, que era un reconocido vidente, para que le dijera el destino que aguardaba al niño. La respuesta del adivino fue contundente: *Vivirá mucho mientras no se vea a sí mismo*.

El tiempo pasó y Narciso fue creciendo, amado y adorado por los demás.

De todas las pasiones que generó, resalta la de una hermosa ninfa llamada Eco.

Eco era una joven que tenía el don de la palabra. Por eso, Zeus le ordenó que entretuviera a su esposa Hera contándole historias para que él pudiera salir en busca de aventuras amorosas.

La ninfa obedeció, y como lo hiciera Sherezade con el príncipe en *Las mil y una noches*, mantuvo expectante a la diosa durante largo tiempo. Cuando Hera descubrió el engaño desató su furia sobre ella, le quitó su maravilloso don y la condenó a pronunciar sólo las últimas sílabas que escuchara de boca de los demás.

Cierta vez, mientras caminaba por el bosque, Eco vio a Narciso. Quedó prendada al instante y comenzó a seguirlo sin que él se diera cuenta. Por fin decidió acercarse y manifestarle su amor, pero debido a su condena le fue imposible utilizar la palabra para seducir al joven, quien la rechazó con crueldad. Dolida por la ofensa, Eco exclamó para sus adentros una maldición: *Ojalá cuando él ame como yo lo amo, desespere como desespero yo*. Y bien se sabe que en la mitología clásica las maldiciones siempre se cumplen. Un hecho fatal iría en favor de este cumplimiento: Narciso se había visto a sí mismo reflejado en las aguas del río y a partir de ese momento quedó sentenciado a amarse sólo a sí mismo.

Era el peor de los castigos posibles, el que lo condenaba a la soledad eterna: *Desdichado yo que no puedo separarme de mí mismo. A mí me pueden amar otros, pero yo no puedo amar.*

Narciso se fue consumiendo hasta que un día, en el intento de abrazar su imagen reflejada en el agua cayó al río y se ahogó. Entonces, comenzó a generarse una extraña metamorfosis. En pocos minutos, Narciso se fue convirtiendo en una flor, la misma que hoy lleva su nombre.

Por su parte, Eco se desintegró y se esparció por el mundo. Y cuando gritamos en la cima de una montaña o en un pasillo desierto, todavía podemos escuchar cómo la ninfa reproduce nuestras últimas palabras generando ese efecto sonoro al que en su honor llamamos "eco".

Hasta aquí la historia que los mitos nos han permitido conocer acerca de Narciso. Pero, ¿a qué nos referimos cuando hablamos de Narcisismo?

El Psicoanálisis utiliza el término "Narcisismo" para dar cuenta de un momento particular en la vida de las personas en el cual se constituye una parte fundamental de su estructura psíquica: el Yo.

Cuando el bebé nace no es todavía una unidad sino una suma de zonas erógenas y a través de ellas empieza a relacionarse con el mundo.

El "cachorro humano" aún no se reconoce como una unidad y al referirse a sí mismo no puede decir: "Yo". Por eso hablan de ellos en tercera persona.

Cuando le pregunto a mi nieta:

–¿De quién es esto?

Me responde:

–De Zoe.

A esta etapa que se da en el comienzo del desarrollo psíquico y sexual la denominamos "autoerotismo", porque la relación del chico es con sus propias zonas erógenas. Todo su interés gira en torno a ellas y todavía no está capacitado para dar amor a los demás, porque los demás aún no existen. Porque ni él ni los otros son una persona, una integridad. Mamá aún no es mamá, es su pecho. Un pecho que de algún modo todavía le pertenece.

Para poder intercambiar amor en el sentido pleno de la palabra, el bebé debe relacionarse con personas totalizadas y no con objetos parciales. Pero llegar a esto que parece algo sencillo, casi natural, es un proceso lleno de dificultades que impone un arduo trabajo.

Muchos de los obstáculos que enfrentamos como adultos provienen de alguna falla en el atravesamiento de esta etapa. Celos, sentimientos posesivos, dificultades de relación o imposibilidad de darnos permisos para ser felices suelen tener su origen en una resolución fallida de esta fase tan importante.

Para poder amar primero hay que construir a una persona total, ver a mamá, no sólo un pecho. Y la primera persona que un ser humano construye, es él mismo.

Denominamos Narcisismo al proceso que permite que un niño o una niña se perciban como una totalidad y en lugar de decir "el nene" o "la nena", digan: "Yo". Sólo después de atravesar este "nuevo acto psíquico", como lo denominó Freud, el $ujeto tendrá la posibilidad de amarse a sí mismo y a los demás.

A partir de ese momento el amor se convertirá en un elemento valioso y limitado, de modo tal que deberá aprender a administrarlo. Cuanto más amor guarde para sí, menos tendrá para el resto; y cuanto más derive hacia el exterior, menos le quedará para cuidar su autoestima.

Freud sostuvo que una cierta cuota de egoísmo era necesaria para vivir. A esto se refería. A la "libido narcisista" que debemos conservar para tener amor propio.

El mito de Narciso hace referencia al amor desmesurado por sí mismo que le impidió amar a los demás. Entonces, tenemos un tema, el amor, y dos opciones: dirigir ese amor hacia otras personas o guardarlo para nosotros.

¿Cuál es la cantidad (quantum de energía psíquica) de amor propio que alguien debe tener para no caer en lo que suele denominarse baja autoestima o, por el contrario, en actitudes egocéntricas?

En el libro *Encuentros* pusimos especial atención en este tema.

A los fines de este ensayo, diremos que el desafío será encontrar un equilibrio para evitar caer en situaciones extremas, porque como sentenció Sor Juana: *El amor es como la sal. Dañan su falta y su sobra*. Y en esa falta o esa sobra se diluye la posibilidad de ser feliz.

La época que vivimos nos invita a un egoísmo desmesurado, y la vida se nos pasa mientras estamos obsesionados por alcanzar una "felicidad plena" que es imposible y el éxito para cumplir con las exigencias del mundo.

* * *

En 1875 nació Alfred Schweitzer.

Médico, filósofo, teólogo protestante y músico francoalemán que en 1952 recibió el premio Nobel de la Paz.

Schweitzer amaba la música de Bach y era un extraordinario organista.

Cuentan que cierta vez, luego de uno de sus conciertos, el rey Alfonso XIII de España, en pleno éxtasis, quiso cruzar algunas palabras con el músico. Lo primero que le preguntó fue si era difícil tocar el órgano, a lo que Schweitzer, de manera ocurrente, le respondió que tan difícil como gobernar España. No menos lúcido, el monarca le contestó: *Entonces es usted un hombre valiente.*

Alfonso no se equivocaba. Ser filósofo, médico, teólogo y músico implica un recorrido espiritual e intelectual que sólo logra una persona valiente.

Schweitzer dijo alguna vez: *El éxito no es la clave para la felicidad. La felicidad es la clave del éxito. Si le gusta lo que está haciendo, usted será un éxito.*

Hay quienes contradicen a Schweitzer y afirman que el éxito es la clave de la felicidad.

Retomemos por un momento a Bertrand Russell y su libro *La conquista de la felicidad* en el que pone especial énfasis en la idea del "apetito por lo inalcanzable".

Según se mire, se trata de un impulso genuino orientado a encontrar siempre un motivo más por el que valga la pena vivir. O una invitación que nos condena a vivir frustrados.

En un momento, refiriéndose a un hombre exitoso, Russell dice:

> *la vida laboral de este hombre tiene la psicología de una carrera de 100 metros, pero como la carrera en que participa tiene como única meta la tumba, la concentración que sería adecuada para una carrera de 100 metros llega a ser algo excesiva. ¿Qué sabe este hombre de sus hijos?*

Una pregunta lacerante: ¿qué sabe este hombre de sus hijos?

Es probable que poco. Quizás, abarrotado por sus obsesiones y por el deseo de cumplir con el mandato de la época haya perdido de vista muchas cosas importantes.

El tiempo es limitado y cada persona debe elegir a qué o quién lo dedica.

¿De dónde proviene el apetito por lo inalcanzable del que habla Russell? De un hecho que hemos señalado: la cultura moderna es opresiva y nos empuja a ir por todo, pero como todo no se puede, nace el deseo, y con él ese apetito eterno.

Si, como sostienen algunos, el éxito es la clave de la felicidad y consiste en lograr la completud, entonces la felicidad es inalcanzable.

No es posible ser feliz si no se acepta que siempre quedará algo por conseguir. También es preciso evitar que ese resto se transforme en motivo de frustración.

No se puede ser feliz y estar frustrado al mismo tiempo.

Es cierto que nunca alcanzaremos todo lo que deseamos. Sin embargo, no es lo mismo aceptar la incompletud inherente al ser humano que vivir en un estado permanente de frustración.

El Psicoanálisis define la frustración como la falta imaginaria de un objeto real. ¿Qué significa? Que nos sentimos frustrados cuando nos falta algo que creemos merecer.

Pienso en quien va a buscar un trabajo y ve cómo el puesto se lo dan a alguien más. Es posible que se pregunte: "¿Por qué, si yo lo merecía?". O en algunas personas que desean tener un hijo y no lo consiguen. Imagino sus rostros tensos y el tono con que se cuestionan: "¿Con toda la gente que abandona chicos en el mundo? ¿Sabés el papá o la mamá que hubiera sido yo? No es justo. Me lo merecía".

Como toda falta, la frustración genera una emoción. En este caso es el enojo. La persona frustrada es una persona enojada. Y nadie puede ser feliz en ese estado de resentimiento.

A la hora de pensar en la frustración, se debe evaluar dónde fija alguien su meta y qué espera de ella.

Por ejemplo, para quien eligió estudiar, terminar la carrera y diplomarse debería ser un éxito. Pero si esa persona había generado expectativas desmesuradas, si pensó que con el título de médico llegaría la dirección de un hospital o al premio Nobel de Medicina, lo más probable es que en lugar de ser feliz se sienta frustrado. Y, por ende, enojado.

Recuerdo que hace unos años había un programa televisivo que dirigía Alejandro Doria: *Atreverse*. Una serie que tocaba temas muy sensibles con el sello particular que imprimía aquel gran director.

En uno de los capítulos se ve un taxi que se detiene frente a la Facultad de Derecho, o quizás de Ingeniería de Buenos Aires. El chofer desciende tambaleando con una botella de vino en la mano. Se para frente al edificio, vacía de un trago el resto de la botella, levanta la cabeza, mira el edificio y dice: "Me diste el título, me diste una matrícula. ¿De qué me sirvió?". Y furioso destroza la botella contra la pared.

La pregunta de Russell, *¿qué sabe este hombre de sus hijos?*, denuncia un error que suele cometer quien sólo se focaliza en tener éxito.

Tuve un paciente que llegó diciendo que era un hombre exitoso porque nunca permitió que algo se interpusiera entre su meta y él. Le pregunté qué hacía en mi consultorio, entonces. Me miró, se le llenaron los ojos de lágrimas y dijo: "Vine porque ya no tengo más ganas de vivir".

La búsqueda obsesiva del éxito le había robado el deseo y ahora que "lo tenía todo" se sentía más vacío que nunca. Porque entre las cosas que no permitía que se interpusieran entre su meta y él estaban su pareja, de quien se había separado, sus amigos a los que ya no veía, y sus tiempos de placer a los que había renunciado.

Hay que tener mucho cuidado de no confundir la dedicación con la obsesión.

La palabra obsesión proviene del latín *obsessĭo*, "asedio", y se utilizaba para referirse a un lugar sitiado por los enemigos. El castillo de Príamo en Troya es un ejemplo claro. Como sabemos, el ejército encabezado por Agamenón tuvo el lugar sitiado (obsesionado) durante diez años, hasta que lograron infiltrar el famoso caballo y la fortaleza cayó.

Al estar compuesto de *ob* (antes) *sedēre* (sentarse), el término alude también a estar quieto, inmóvil.

Es conocida la tendencia de ciertas personas a procrastinar, a quedarse tiesos sin poder tomar decisiones. Los pensamientos obsesivos las detienen porque no dejan lugar para ninguna otra cosa. Ni siquiera para los afectos. Los tangos están llenos de episodios así. *Es pan de mis dos hijos todo el lujo que te he dado*, protesta angustiado un hombre que destruyó su vida obsesionado por su amante.

Son historias que marcan el costo de una obsesión. Un costo muy alto, porque la obsesión reduce el mundo a una cuestión ínfima. ¿Puede ser feliz quien acota tanto su vida, quien deja afuera el universo en busca de una sola cosa, aunque esa "cosa" sea el éxito?

El consultorio está lleno de lágrimas de gente "exitosa".

Hombres y mujeres que han triunfado y, muchas veces, se quedaron solos. Suele hablarse de "la soledad del éxito". Es posible que la frase apunte a exitosos como mis pacientes.

El éxito provoca momentos de euforia, es cierto. Pero es un error confundir la euforia con la felicidad. La euforia no es la felicidad. La euforia ni siquiera es la alegría. La euforia es una desmesura.

Como dijo Victor Hugo, el éxito engaña. Envuelve a quien lo alcanza con un manto que muchas veces lo deja sitiado, que "obsesiona". Quien mire desde afuera sólo verá su brillo, pero es posible que adentro también haya caos y oscuridad.

3. FELICIDAD Y AUSENCIA

Cuando era chico, al volver de la plaza donde jugaba al fútbol, pasábamos con mis amigos frente a una casa muy hermosa que llamábamos "la mansión". Después de cada partido solíamos descansar apoyados en sus paredes e imaginábamos cómo sería vivir en ese lugar. Teníamos la sospecha de que sus habitantes debían de ser felices, tal vez porque habían logrado algo con lo que todos soñábamos.

Nunca supimos si en verdad aquellos vecinos eran felices o no. Ojalá lo hayan sido. Aun así, si hubiera pasado tiempo con ellos habría escuchado alguna de sus faltas. Porque faltas tenemos todos.

Quien tiene la esperanza de obtener el éxito supone que obtendrá la llave de la felicidad. Obsesionado, piensa que cuando alcance la meta será completamente feliz y para siempre.

No es así.

El Psicoanálisis hirió al mundo al develar la existencia del Inconsciente.

Somos sujetos sujetados al lenguaje y el desconocimiento. Sujetos atravesados por una falta imposible de llenar. Sujetos barrados, como lo indica la forma en que lo escribimos: $ujetos. Y esa escisión estructural que nos recorre hace del éxito un concepto engañoso porque, aunque creamos que hemos conseguido todo lo deseado, habrá siempre un resto de insatisfacción.

Somos seres ambivalentes. Por lo tanto, lo mismo que una parte de nosotros anhela otra lo rechaza. Lo que satisface a una parte de nosotros angustia a la otra.

Por ese motivo, todo éxito es dudoso.

Ortega y Gasset sostuvo que todos contenemos multitudes.

Sepamos, entonces, que cada logro que alcancemos sólo complacerá el deseo de alguno de los múltiples seres que nos habitan.

Bettina quería ser madre.

Ese había sido su sueño desde siempre. A pesar de ser una profesional reconocida y de sus muchos logros, sentía un vacío que, según sus palabras, sólo un hijo podía llenar.

No tenía pareja y la relación con sus padres era fría y distante. Con cuarenta y cinco años, sentía que debía tomar una decisión. Y así lo hizo. Con la ayuda de un donante logró un embarazo que llevó con normalidad. Unos días después del parto vino a sesión con su hijo. Se la veía radiante.

Meses más tarde llegó al consultorio angustiada.

–Fui a casa de mis padres. Quise llevarles a Ezequiel. Ya tiene cuatro meses y ni lo conocían.

–¿Y cómo fue?

–Horrible. Pensé que iban a emocionarse. Después de todo es su único nieto. Pero lo trataron con tanta distancia como a mí. Ni siquiera lo alzaron.

–¿Y qué sentiste?

–Rabia. Mucha rabia. Me quedé nada más que un rato y me fui. Sola, con mi hijo en brazos.

Bettina llora de rabia, de impotencia y de angustia.

Creía que un hijo podría completarla. Sin embargo, comprobó que no era así. Aún quedaba ese deseo de ser amada por sus padres, de que aceptaran a Ezequiel, de una familia que debía construir por sí misma. Además, la maternidad le traía inconvenientes de horarios y le imponía ocupaciones que le costaban mucho afrontar.

Su hijo le había permitido satisfacer su deseo de ser madre, pero la falta seguía allí. Y debería aprender a convivir con ella.

Una vieja canción francesa dice que deberíamos morir en el momento en que somos felices. ¿Por qué? Porque dejaremos de serlo muy pronto.

Pienso en los Hiperbóreos, un pueblo mítico que habitaba una región ideal de clima dulce y templado cuyo suelo producía dos cosechas al año. Vivían al aire libre en los campos, en los bosques sagrados, y gozaban de extrema longevidad.

Lo curioso era que, cuando las personas mayores habían disfrutado suficiente de la vida, se arrojaban al mar desde lo alto de un acantilado con la cabeza coronada de flores para encontrar en las olas una muerte feliz.

Una muerte feliz. Un final feliz. Una de las acepciones de la palabra éxito.

¿Es posible? ¿Éxito en la muerte?

* * *

Vuelvo a abrazar el recuerdo de Jorge, mi suegro, mi amigo, y su descripción sobre el instante de morir dignamente: un momento horrible pero hermoso.

El filósofo surcoreano Byung-Chul Han aseguró que la felicidad doliente no es un oxímoron. Que toda intensidad es dolorosa porque en la pasión se fusionan dolor y felicidad.

Lord Byron sostuvo que el dolor es más fuerte que la felicidad. Por eso el recuerdo de un momento feliz es un poco doloroso, en tanto que el recuerdo de un momento doloroso, duele todavía.

Es verdad. Al igual que el orgasmo, la dicha, cuando es profunda, contiene un factor de sufrimiento.

Algunas noches al acostarme, cuando apago la luz y me quedo solo conmigo, como siempre, me visita alguna escena de la infancia. Escucho la risa de mi padre mientras intento andar en bicicleta con torpeza. Otra vez la voz. O me veo salir corriendo a los brazos de mi mamá luego de haber aprobado un examen de música. Y otra vez la mirada.

Fueron momentos felices, sí. Sin embargo, esas noches en las que recuerdo, duelen tanto…

Según Nietzsche, dolor y felicidad son *dos hermanos, y gemelos, que crecen juntos o que […] juntos siguen siendo pequeños*.

Giovanni Papini escribió:

Lucifer fue condenado a la pena más atroz: la de no poder amar.
Dios está condenado a una pena casi igual de cruel: ama sin ser amado.

Dios y el demonio, las dos potencias extremas que hemos sido capaces de imaginar están atravesados por la falta. Aunque pienso que Dios enfrenta una falta aún más profunda porque, según Papini:

Después de su pasión en la tierra, Dios siguió padeciendo su eterna, infinita, divina pasión. Ama a los hombres y está obligado a ver que esos hijos a los que siempre amó se engañan, se ensucian, se asesinan, se odian, se revelan, gruñen, sollozan, lloran, se desesperan.

La infelicidad del hombre reverbera, multiplicada por la misericordia paterna, en la infelicidad de Dios.

Me seduce esta idea.

Ante la reiterada pregunta de la humanidad, ¿por qué Dios no evita las injusticias, por qué no nos hace felices?, la idea de un Dios en falta nos brinda al menos una respuesta: porque no puede. Porque también Dios está castrado.

Tal vez por eso, porque ni siquiera Dios lo tiene todo, es que en ocasiones no presentimos la felicidad en lo que podremos tener sino en el anhelo de algunas ausencias.

Ausencia de dolor o de hastío. Ausencia de tantas ausencias.

En algunos casos, más que pensar en lo que deseamos, pensamos en lo que no necesitamos: no necesitamos el tedio, no necesitamos la indiferencia, no necesitamos el sufrimiento.

La felicidad es un habitante más del pequeño universo que contenemos y debe aprender a convivir con los demás. Sobre todo, con el dolor.

* * *

Desde chico me apasiona el tango.

Mis compañeros de colegio se asombraban de encontrarme en los recreos tarareando alguno. Pero más allá de su música, en ocasiones sublime, gracias al tango descubrí también un idioma maravilloso. Un lenguaje sentido, rítmico, rico en matices, lleno de nostalgia y metáforas.

Un lenguaje con historia.

Los lombardos fueron "los usureros" del siglo XVIII. Dada esa labor, eran tan despreciados que ese gentilicio que identificaba a los habitantes de Lombardía se transformó en sinónimo de ladrón. Con el tiempo, la palabra lombardo derivó en lunfardo. Un idioma de uso cotidiano entre mis mayores.

Mi padrino era el más diestro de la familia a la hora de utilizarlo.

Armaba con destreza frases que me causaban risa y admiración. Aunque a veces también me conmovía.

Solía recitar un poema cuyo título era "Fatalista":

Bodegón que me das en el izquierdo,
pero que suelo visitar tupido
tal vez para olvidarme de un olvido
o para no acordarme de un recuerdo.

Cuando en tu mugre y en tu alcohol me pierdo
la caña es falta y la ginebra envido,
en el mazo de todo lo vivido,
despunto con la muerte un truco lerdo.

A veces escasani y chacabuco,
palmieri y con las cartas reviradas,
me voy al naipe sin cantar retruco

Ni tantear a favor sirve de nada,
con 33 de mano me trabuco:
¡Siempre liga la muerte el as de espadas!

La falta inevitable hecha poesía: *siempre liga la muerte el as de espadas.*

Con el tiempo supe que aquel poema pertenecía a *Los sonetos mugres*, un libro de Daniel Giribaldi.

Esos versos que revelan los pensamientos de un hombre que atraviesa un momento de pobreza, enfermedad, fracaso y enojo, definen un estado depresivo. Pero con qué belleza y simplicidad.

Hubo un término lunfardo muy utilizado para aludir a las casas de alquiler donde se refugiaban quienes llegaban a Buenos Aires huyendo del hambre o de la guerra. Exiliados que alquilaban una habitación para vivir. Sólo una pieza. Debían compartían el baño, el patio y la cocina. Y lo que en principio era un mundo de soledad entre desconocidos, con el tiempo se iba transformando en un lugar donde encontrar amigos, sensación de familia o un amor. Ese término era: "conventillo".

De alguna manera nos parecemos a un conventillo donde nuestras emociones deben aprender a convivir a pesar de sus diferencias. Como aquellos inmigrantes, esas emociones hablan idiomas distintos, tienen deseos y pasiones encontradas, y ocupan todas las piezas de nuestra psiquis. Las más luminosas, las más oscuras.

La felicidad es una de esas emociones, un habitante más del conventillo, y deberá aprender a convivir con la tristeza, el dolor, la soledad y el miedo. De lo contrario abandonará el lugar y nos negará la posibilidad de ser felices.

Vuelvo a la frase de Lord Byron y pienso que tal vez, en lugar de evaluar si el dolor es más fuerte que la felicidad podríamos dejar de pensarlos como rivales. Comprender que el dolor y la felicidad deben coexistir porque, así como hay dolores que torturan, también puede haber dolores felices.

Hace años, cuando trabajaba en el programa de radio *La venganza será terrible*, llegó el mensaje de un oyente que, como mis compañeros de infancia, aseveraba que el tango era triste y la música brasileña, en cambio, era alegre.

—¡Objeción! —gritó el conductor del programa, Alejandro Dolina.

Y argumentó que aquello era una falacia porque todo hecho poético es un hecho feliz, incluso cuando ese hecho poético porta un dolor. Por ejemplo, al encontrarse con una poesía se reciben estremecimientos del espíritu que están mucho más cerca de la felicidad que de la tristeza. Toparse con una obra de arte triste produce una algarabía extraña donde conviven la felicidad y el dolor.

* * *

Hace un tiempo tuve que viajar a España por motivos de trabajo.

No era mi mejor momento para hacerlo. Algunas cuestiones familiares y económicas hicieron que mi primer contacto con Europa se diera en condiciones poco favorables. De todas maneras, aproveché la ocasión para recorrer las ciudades que visitaba y algunos de sus museos.

Una tarde salí a caminar por Madrid y sin pensarlo entré en el antiguo Hospital San Carlos, actual Museo Reina Sofía. Atravesé el patio y subí unas escaleras. No iba en busca de nada. A veces las cosas que más nos marcan en la vida suceden así. Como la pasión, o el amor. Como dice la canción de Fito Páez: *Yo no buscaba a nadie y te vi.*

Algo así me ocurrió aquel día. Al desembocar en uno de los pisos, no recuerdo cuál, me encontré frente a una obra majestuosa que me impresionó de inmediato. No es fácil que eso suceda. Por lo general, suelo disfrutar más de las artes temporales que de las espaciales. La música y las letras me conmueven más que la pintura y la fotografía. Sin embargo, aquella obra me golpeó de lleno y sin saber por qué, me puse a llorar.

Tardé unos cuantos minutos en reaccionar. Recién entonces la miré con detenimiento. Era una colección de imágenes que parecían desordenadas. Imágenes perturbadoras. Arriba, casi en el centro, una lámpara semejaba un ojo. A su izquierda un toro se erguía desafiante, o indiferente. Del otro lado se asomaba una mano con una vela, y en medio de ese caos un pájaro agonizaba mientras se imponía la figura de un caballo cuyo grito podía escucharse. Algunos rostros humanos mostraban su dolor. Como esa madre que sostenía a su hijo muerto o el hombre que intentaba escapar del fuego. Y había más, pero yo no era capaz de absorber tantos detalles. Me sentía abrumado. Dolido. Y feliz.

No era para menos. Estaba parado frente al *Guernica*, esa obra impresionante de Pablo Picasso.

Aquel mural había sido pintado por Picasso en 1937, en París. Pero a causa del estallido inminente de la Segunda Guerra Mundial el artista lo dejó al cuidado del MOMA, el Museo de Arte Moderno de Nueva York. Cuando finalizó el conflicto bélico, Picasso decidió que permaneciera allí por tiempo indefinido. No quería que su obra estuviera en la España de Franco.

Finalmente, en 1981, el Guernica viajó a Madrid, donde yo lo estaba observando.

¿Qué lo motivó a realizar una pintura semejante?

La historia comenzó el lunes 26 de abril de 1937.

El ejército franquista avanzaba hacia el norte con la intención de controlar el País Vasco. Decidido a eliminar toda resistencia, el dictador Francisco Franco quiso dar una muestra brutal de su fuerza.

Para hacerlo abrió los cielos de España a la violencia del Eje, y a las cuatro de la tarde sesenta aviones de origen alemán e italiano comenzaron a bombardear la ciudad de Gernika. Fueron tres horas de un ataque incesante que la redujo a cenizas. Jamás el mundo había presenciado algo parecido. Bombas que caían y mataban de manera indiscriminada a mujeres, niños y hombres civiles. Se calcula que alrededor de mil seiscientas personas murieron durante esas tres horas. Un claro presagio de lo que sería el horror que se avecinaba.

Pocos días después, el 1° de mayo, Picasso se puso a trabajar en un mural que expresara sus emociones: rabia, repugnancia, angustia. Lo hizo con tanto empeño que a fines de junio ya estaba dando los últimos retoques a la obra.

El *Guernica* era un caos de animales y humanos desmembrados y retorcidos por el dolor, y si bien nada remitía de modo directo a lo acontecido en la ciudad vasca, los casi treinta metros cuadrados del lienzo relataban aquel horror. Un horror inexplicable. Picasso dijo:

Los artistas que viven y trabajan con valores espirituales no pueden ni deben permanecer indiferentes ante un conflicto en el que los valores más elevados de la humanidad y la civilización están en peligro.

Hay circunstancias que escapan a las palabras y nos ponen ante un vacío al que jamás le encontraremos sentido. Gernika fue una de ellas.

El Psicoanálisis resalta los temas en los que el lenguaje encuentra su límite: la sexualidad y la muerte.

Muchos todavía se resisten a reconocerlo. Les cuesta aceptar que no es tan fácil decir qué es un hombre o una mujer. Lo mismo que Freud planteó en el comienzo del siglo pasado sigue espantando a los espíritus conservadores de hoy.

El otro tema es la muerte.

En el libro *El duelo* hemos desarrollado con detenimiento esta cuestión y dijimos que la mitología y la religión surgieron como un intento de poner algún sentido en ese vacío carente de significado. El noúmeno kantiano o "Lo Real" lacaniano. Ese lugar que no puede ser simbolizado, ni siquiera imaginado.

Ante el desafío de tener que convivir con esa "cosa" innombrable, Lacan señaló que hay tres maneras de responder a ese Real que no podemos representarnos.

Una de ellas es la manera de la histeria que ocupa ese vacío con un síntoma, una metáfora padeciente. Algo parecido hace el arte. Crea algo que no existía y despierta una emoción e intenta decir algo a pesar del enigma que enfrenta.

Es lo que hizo Pablo Picasso.

En aquel espanto inexplicable colocó una obra conmovedora. Un mural que transmite el horror y a la vez deja una conmoción artística que se parece bastante a la felicidad.

Al menos así lo sentí aquella tarde.

Parado frente al *Guernica* me pregunté qué diría Freud a Einstein si estuvieran a mi lado. Incluso imaginé la conversación. El analista entristecido decía:

–¿Vio, señor Einstein? Esto somos. ¿Recuerda qué le dije aquella vez acerca del poder avasallante de la pulsión de muerte y del impulso irrefrenable a la destrucción que tiene el ser humano? Bueno, querido Albert, mire este cuadro. Observe ese grito, o aquel otro, tan sordo que nada dice. En nuestro intercambio de entonces le dejé en claro que la plenitud y la dicha no eran nuestro destino como humanos. Pero mirando esta maravilla del amigo Picasso creo –y fíjese qué misterio– que soplos de esa dicha pueden encontrarse en el gesto que se produce entre quien pintó este cuadro y quienes lo miraremos por la eternidad.

No me muevo para no interrumpir un momento tan sublime, pero imagino a Einstein. Lo veo con la cabeza gacha y percibo que, al igual que yo, él también está llorando.

Se cuenta que, durante la Segunda Guerra Mundial, cuando los nazis ocuparon París, un oficial alemán le mostró a Picasso una reproducción del Guernica y lo increpó.

–¿Esto lo ha hecho usted?
–No –respondió el artista–. Esto lo hicieron ustedes.

En la poesía "1964", de Jorge Luis Borges, encontramos también esa convivencia entre el dolor y la felicidad que nos recorre cuando el espíritu se ensancha.

Ya no seré feliz. Tal vez no importa.
Hay tantas otras cosas en el mundo;
un instante cualquiera es más profundo
y diverso que el mar. La vida es corta

y aunque las horas son tan largas, una
oscura maravilla nos acecha,
la muerte, ese otro mar, esa otra flecha
que nos libra del sol y de la luna

y del amor. La dicha que me diste
y me quitaste debe ser borrada;
lo que era todo tiene que ser nada.

Sólo que me queda el goce de estar triste,
esa vana costumbre que me inclina
al Sur, a cierta puerta, a cierta esquina.

Se trata de un poema desolado.

Borges no sólo arremete con una frase tremenda: *ya no seré feliz*, sino que nos golpea con una idea que nos interpela: *tal vez no importa*.

¿Es posible que ser feliz no importe? ¿Qué la felicidad no tenga ninguna trascendencia? El autor nos invita a pensar de esa manera. Después de todo, *hay tantas otras cosas en el mundo*. Intuyo que esa frase no es más que una ironía.

Los versos cuestionan la felicidad, a pesar de lo cual impacta la dicha que nos produce la comprensión artística. Una dicha que va más allá de la comprensión intelectual. A lo mejor también se trate de eso. De alejarse de la visión maniquea del mundo que invita a pensar que las cosas son fatalmente duales. Bien o mal. Felicidad o tristeza.

Alguna vez escribí que se podía ser infiel y estar enamorado al mismo tiempo. Aquella frase indignó a muchos y me persiguió por años.

No era sólo una forma de marcar la diferencia entre el amor y el deseo. Era también un intento de romper con esa visión estructurada que no entiende de matices.

Hay pacientes que cuando están bien creen que el mundo es maravilloso y cuando están mal se desesperan. Con ellos trabajo para que comprendan que es distinto tener una dificultad que un problema, y que un problema es diferente a un drama y un drama tampoco es una tragedia. Porque en la pérdida de los matices la vida se vuelve un lugar desmesurado.

Es evidente que nadie puede ser feliz en medio de una tragedia. Pero podemos serlo a pesar de las dificultades o los problemas. Es más. No nos queda otra opción. De eso se trata el juego de la vida. Y hay que jugar, pelear y soñar con las cartas que nos tocaron. De lo contrario habremos perdido desde el comienzo.

* * *

Solemos creer que la felicidad es un sentimiento solitario que debería obnubilar todo lo demás. ¿Por qué le exigimos tanto?

De nuevo, Byung-Chul Han: sostiene que la humanidad moderna ha desarrollado una fobia al dolor. Habla de una sociedad paliativa y dice que la obligación de ser felices nos exige evitar cualquier atisbo de sufrimiento y nos lleva a un estado de anestesia permanente.

No siempre fue así.

Pensemos en aquellos abuelos que venían de las guerras que tanto preocupaban a Einstein y a Freud, de los campos de concentración, de las persecuciones ideológicas. Hombres y mujeres que tuvieron que abandonar su tierra, su idioma y sus familias para construir un mundo nuevo a partir de sus desgarros.

No tuvieron más opción que convivir con el dolor. Aun así, muchos de ellos se miraron en los ojos del dolor sin avergonzarse y encontraron la sabiduría o el coraje de ser felices a pesar de las ausencias.

Cuando mi abuela murió, mi abuelo Felipe vino a vivir con nosotros. Se instaló en mi habitación y, tal como los habitantes de los conventillos, fuimos compañeros de pieza durante un par de años. Hasta que una madrugada me sobresalté al escuchar que respiraba mal. Quise despertarlo, pero no pude. Llamé a los gritos a mis padres, que vinieron de inmediato. Mamá se puso a llorar y corrió a avisar a mi tía que vivía en la casa de adelante para que viniera a despedirse de su padre. Yo tenía once años y no comprendía bien qué pasaba. Mi papá me acarició y me dijo: "Decile lo que quieras, porque se está muriendo". Entonces, sin poder hablar, me recosté sobre su pecho y lo abracé. Segundos después dejó de respirar.

Era un hombre parco, muy serio.

Durante nuestra convivencia más de una vez lo encontré con la mirada fija en el techo. En silencio.

Un día junté valor y le pregunté en qué pensaba.

No me miró. Después de unos segundos me contó una historia.

Mi abuelo era hijo de una mujer "india". Una mujer a la que un español visitaba cada tanto sólo para embarazarla. Vivían en un lugar cerca de los montes y cierta vez, siendo un niño, mi abuelo escuchó un rugido extraño. Salió a la puerta de su rancho y se encontró con un puma que lo miraba agazapado.

Se quedó inmóvil, temblando. El puma comenzó a acercarse con lentitud y ya estaba a pocos metros. De pronto apareció su madre con un palo y a los gritos se abalanzó contra el animal que, asustado, se dio a la fuga.

En eso pensaba mi abuelo aquella madrugada.

Estaba triste, aunque feliz. Nostálgico, pero orgulloso de su madre. Aquél día también yo comencé a sentir un orgullo que no podía explicar por ser descendiente de ese hombre y de mi bisabuela Modesta, la "india" que con apenas un palo se enfrentó a un puma para defender a su hijo.

Si bien lo había aprendido mucho antes con mi padre, aquella charla me ratificó que hay miradas doloridas que merecen respeto y requieren tiempo. Necesitan ser procesadas. Saboreadas incluso. ¿Por qué no? Después de todo, constituyen una parte fundamental de lo que somos.

Sin embargo, observados con los ojos contemporáneos de la productividad moderna, el dolor, la nostalgia y la tristeza son una pérdida de tiempo.

Hoy el dolor ha sido demonizado. Por eso huimos de él. Porque se nos tratará de débiles, de malgastar una vida que está para ser disfrutada.

La sociedad actual detesta la tristeza. Por eso, ya nadie puede mostrarse triste o dolorido sin que aparezca alguien a pedirle que abandone ese dolor. Alguien que en ocasiones va a sugerirle alguna pastilla que alivie su angustia. O noches de alcohol. O de excesos. De goce.

Convivo a diario con pacientes que, ante el menor dolor, preguntan si no deberían tomar alguna medicación.

Aclaremos algo. Los psicofármacos son una herramienta de mucho valor en algunos casos. Sin embargo, la búsqueda obligada de la felicidad y la negación del derecho a sufrir los convirtieron en un elemento indispensable de la vida diaria.

De esa manera, habitamos un mundo embotado que pretende anestesiarnos para que olvidemos el dolor de vivir y volvamos lo antes posible a la productividad y el disfrute.

Hace poco, en una reunión de amigos me acercaron una guitarra y pidieron que tocara algo.

Recordé una milonga de Atahualpa Yupanqui, "Los ejes de mi carreta", y luego de una lenta introducción comencé a cantarla.

Porque no engraso los ejes me llaman abandonao.
Porque no engraso los ejes me llaman abandonao.

Alguien que estaba sentado enfrente me interrumpió.

–Ya lo dijiste. ¿Así es la canción? ¿Por qué dice dos veces lo mismo?

Sonreí, aunque no pude menos que comprenderlo.

Nos ha tocado un tiempo que carece de tiempo, que perdió la paciencia que a veces se requiere para acercarnos a esa felicidad que lo humano puede ofrecernos.

Algunos géneros musicales actuales ni siquiera tienen los tiempos que se necesitan para desarrollar una melodía. Son el producto de una vida que discurre a otra velocidad. Los nuevos artistas están obligados a crear en una época que ha perdido interés por el dolor, por el tiempo que requiere procesarlo.

Pero el dolor es parte fundamental de la vida. Toda vida será dolorosa, si ha de ser vida. Porque la gente que más queremos muere; los amores se acaban, nuestro cuerpo envejece.

Una vida sin dolor es una vida sin amor.

Muchas veces he sido crítico de la idealización que se hace del amor. Sin embargo, el amor es el único milagro posible que tenemos los $ujetos que habitamos este mundo. $ujetos sujetados a un lenguaje que da cuenta de las características de su época. Por eso, producto de estos tiempos anestesiados se ha entronizado una muletilla: "nada". Alguien está hablando y en medio de su discurso dice: nada.

En una de sus sesiones, una paciente me relataba una visita que había realizado a su madre que estaba internada por problemas graves de salud.

—Fui a ver a mi mamá, y nada… estuve unas horas con ella.

—¿Cómo nada? —le pregunté.

Estuvo con su madre, una persona mayor en estado delicado a la que es posible que vea unas pocas veces más, ¿y dice "nada"?

Sí. Nada.

Una expresión que alude a un vacío de emociones, de sueños, de deseos. Un vacío que esta época requiere para que sigamos en la búsqueda de una felicidad tan impuesta como imposible.

Nada.

Una palabra que describe la ausencia de pensamiento, porque para pensar se necesita tiempo. Y hoy no hay tiempo. Por eso habitamos el mundo de la opinión. Opinar es fácil. Pensar es difícil. Cualquiera opina, no todos piensan. Y si alguien se niega a dar su opinión sobre un tema del que no sabe lo suficiente se lo acusa de no querer jugarse. Como si la vida fuera un juego en el que no importa el conocimiento.

Al igual que Byung-Chul Han, creo en la posibilidad de que exista una felicidad dolorida. De lo que sí estoy convencido es que no es posible una felicidad anestesiada.

4. FELICIDAD Y BÚSQUEDA

Es muy difícil separar las palabras felicidad y búsqueda. La mayoría sostiene que la felicidad sólo puede alcanzarse al encontrar algo que se busca con afán.

Es evidente que este libro abreva en las ideas de Lacan. Acabamos de referir también una anécdota de Pablo Picasso. Tomemos, entonces, una cita que los liga.

Dijo Lacan:

En lo que a mí respecta, nunca me he considerado un investigador. Como dijo una vez Picasso, para gran escándalo de quienes lo rodeaban: no busco, encuentro.

Sin embargo, en una época posterior resignificó el valor de la búsqueda e invirtió la frase. En su *Seminario 23* expresó:

Comienzo a hacer lo que implica el término búsqueda: a girar en redondo. Hubo un tiempo en el que yo era un poco estridente. Decía como Picasso –porque eso no es mío– yo no busco, encuentro. Pero ahora me cuesta más desbrozar mi camino.

Y ya en el *Seminario 25* afirmó:

Actualmente no encuentro, busco. Busco, e incluso algunas personas no encuentran inconveniente en acompañarme en esta búsqueda.

A pesar de Lacan, pienso que toda búsqueda está destinada al fracaso. Porque, así como cuando alguien habla dice otra cosa de lo que cree decir, también cuando alguien busca persigue algo diferente de lo que cree buscar. Por eso, todo encuentro es una sorpresa.

Sin embargo, la humanidad ha estado recorrida por buscadores. Buscadores de elixires, piedras filosofales, fuentes de sabiduría, juventud o inmortalidad. Personajes desesperados que han recorrido desiertos, "Orinocos" o "Mississippis" para hallar lo inhallable.

Siempre me atrajeron esos personajes. Cazadores de dragones. Seres abrumados que en un intento por pulsear con el universo y torcer la mano del destino fueron en busca de lo imposible. Por ejemplo, la juventud eterna.

La primera referencia conocida del mito de una fuente de la juventud data del siglo IV a. C. En el tercer libro de las *Historias* de Heródoto se cuenta la entrevista entre el rey de Etiopía y los embajadores del rey persa Cambises II.

Los embajadores preguntaron cuán larga era la vida de los etíopes. El rey respondió que muchos entre ellos andaban por los ciento veinte años, no faltando algunos que alcanzaban más.

Dice Herodoto:

Viendo entonces el rey cuánto admiraban los exploradores una vida de tan largos años, los condujo él mismo a ver una fuente muy singular, cuya agua pondrá al que se bañe en ella más empapado y reluciente que si se untara con el aceite más exquisito, y hará despedir de su húmedo cuerpo un olor finísimo y delicado.

Al parecer, se trataba de una fuente maravillosa y de agua tan ligera que nada podía flotar en ella.

Es todo lo que cuenta Heródoto. Sólo sabemos que, al sumergirse en aquellas aguas, los etíopes salían nuevos, perfumados y longevos.

No sorprende el interés de los persas por descubrir el secreto. La juventud eterna es un deseo que ha atravesado los siglos.

El conquistador Juan Ponce de León y sus hombres avistaron por primera vez la península de la Florida el 27 de marzo de 1513. Al principio pensaron que se trataba de una isla que venían buscando con insistencia: la misteriosa Bimini.

Se decía que en aquella isla había una fuente tan notable que los viejos rejuvenecían con sólo beber un sorbo de agua.

No se sabe si el conquistador iba en busca de esa leyenda, pero lo que está claro es que cuando descubrió la Florida, su objetivo era Bimini.

Lo cierto es que Juan Ponce de León nunca llegó a pisar la isla de la Fuente de la Juventud. Quizás porque, aunque nos duela aceptarlo, esa fuente no existe.

Pero no sólo ese fue el desvelo de la humanidad. También lo ha sido la riqueza. Y muchos dejaron su vida buscándola.

En abril de 1536, casi mil soldados europeos al mando de Gonzalo Jiménez de Quesada partieron de Santa

Marta, en la costa noroeste de Colombia, buscando una nueva ruta hacia el Perú.

Después de un año de penurias, tanto por los peligros de la selva como por las flechas envenenadas de los nativos, muchos de los conquistadores habían muerto.

Dispuesto a regresar con sólo doscientos sobrevivientes, Jiménez de Quesada se topó con unas parcelas de papa y maíz cuidadosamente cultivadas. En las cercanías había algunas aldeas en cuyas casas colgaban finas hojas de oro. Eran los chibchas.

Sorprendidos por la llegada de los extranjeros, y también asustados, en especial por sus caballos, muchos de los habitantes originarios abandonaron sus aldeas. Otros, en cambio, confundieron a los invasores con dioses que descendían del cielo y les ofrecieron comida, mujeres y el oro que los europeos tanto codiciaban. Al parecer, los chibchas obtenían ese oro de otras tribus, cambiándolo por sal y esmeraldas que ellos tenían en abundancia. Lo cierto es que en pocos meses Jiménez de Quesada sometió a la región entera sin perder un solo hombre.

Sin embargo, no lograba descubrir cuál era la fuente del oro chibcha. Hasta que un día un anciano le contó acerca de una extraña ceremonia.

Según dijo, cada año, cientos de miembros de diferentes tribus llegaban desde lejos para reunirse a la orilla de un profundo lago ubicado en el cráter de un volcán extinto. Allí el jefe era desvestido, embadurnaba su cuerpo desnudo con arcilla y se lo salpicaba con polvo de oro hasta convertirlo en Eldorado. Luego era llevado hasta una balsa donde se le unían cuatro caciques. Después de ser cuidadosamente cargada con ofrendas de oro y esmeraldas, la balsa era empujada hacia el lago mientras una música sublime acompañaba el ritual. Al rato, los caciques tiraban las ofrendas al agua. Más tarde, también el jefe se zambullía para emerger de las profundidades con el cuerpo limpio.

Las riquezas arrojadas en aquel lago como ofrenda a los dioses eran el origen del oro de los chibchas.

Cautivado por el relato, Jiménez de Quesada decidió ir con sus hombres en busca de Eldorado. Pero cuando estaba a punto de partir se enteró de que dos expediciones más se acercaban tras el mismo sueño.

Los tres líderes estaban dispuestos a entablar una guerra cuando decidieron que fuera el rey Carlos quien pusiera fin a la contienda. Pero el rey no tomó partido por nadie y cada uno de ellos se perdió en la historia sin demasiada trascendencia. Sabemos que Jiménez de Quesada murió de lepra cuando estaba por cumplir los ochenta años.

Pero su anhelo no murió con él. Muchos otros buscaron Eldorado.

Entre ellos Gonzalo Pizarro, hermano del conquistador del Perú, quien cruzó los Andes y atravesó junglas en busca del tesoro. En su travesía se topó con una tribu cuyas mujeres eran mejores arqueras que los hombres. Por asociación con la leyenda griega de las mujeres guerreras, bautizó al río "Amazonas". Aunque en realidad Orellana ya había oído que los indios llamaban "Ammassonas" al río, que en aquella lengua quería decir "destroza-canoas".

Ya en el siglo XIX, el naturalista Alexander Von Humboldt calculó que en el lecho del lago Guatavita, supuesto lugar del rito, yacía un tesoro de 300 millones de dólares.

En 1912 un grupo de buscadores de origen británico vaciaron las aguas del lugar a fuerza de bombas en busca del tesoro. Pero no encontraron nada.

Por fin, en el año 1965 el gobierno colombiano declaró que el lago era un sitio histórico y puso fin a la búsqueda de un tesoro por el que tantos habían muerto.

Un tesoro que quizás jamás haya existido.

* * *

Pienso en Jiménez de Quesada y su obsesión por conseguir una riqueza interminable. En Ponce de León o Dorian Gray y la obcecada búsqueda de la juventud perpetua. En Aquiles y su anhelo de gloria y fama imperecederas.

Cuánto cuesta al ser humano aceptar la idea de que todo no se puede. Que si existe la felicidad será una felicidad en falta: una *faltacidad*.

¿Para qué buscar lo eterno si la vida no es más que un breve espacio de existencia entre dos enormes inexistencias? Nada éramos antes de nacer y nada seremos después de morir.

Hace tiempo le escuché decir a la poeta Eladia Blázquez que no le importaba que luego de su muerte bautizaran a una plaza con su nombre. Que la haría feliz que lo hicieran hoy, mientras ella pudiera presenciarlo.

Algo similar ocurrió con Gioachino Rossini. Durante su vejez, el gran músico y compositor siempre fue muy venerado. En una reunión de amigos y admiradores se habló de levantarle un monumento. Hallándose presente, Rossini preguntó cuánto costaría ese monumento. Le respondieron que saldría veinte mil libras. Luego de reflexionar un instante les dijo: "Denme a mí diez mil y me colocaré yo mismo en el pedestal un rato cada día".

Pienso que Eladia y Rossini tenían razón. Después de todo, lo que llega a destiempo es como si no hubiera llegado nunca.

Para que la felicidad suceda es imprescindible estar presente.

Hay en la felicidad algo de urgencia. "Quiero ser feliz esta noche. Quiero que esa persona me abrace ahora".

Los mitos y la poesía nos invitan a soñar con que en algún lugar secreto existe alguien que nos amará para siempre si lo descubrimos y podemos darle un beso en una noche de luna llena mientras aúlla un lobo y un cuervo se posa en la rama más alta de un árbol seco.

Esas pruebas que exigen los milagros sólo sirven para señalar una dificultad: la imposibilidad material de que el hecho suceda.

El hilo conductor que nos liga con los buscadores es que, en el fondo, todos buscamos la felicidad, aunque cada persona ponga el foco en un lugar distinto. En aquello que cree que necesita para ser feliz. Algo que, por lo general, está ligado a su historia y a la manera particular en que lo atraviesa su falta.

A lo largo de su enseñanza, Lacan conceptualizó "la falta" de maneras diferentes. A partir de 1956 el concepto designa la falta de un objeto en particular y habrá distintos modos en que se manifieste según las características de ese objeto faltante.

Diferenciará así tres maneras posibles de la falta: la privación, la frustración y la castración.

Algo hemos hablado de esto.

De las tres formas de la falta, la más importante para la teoría analítica es la castración. Tanto que, en nuestra práctica, "falta" y "castración" son términos que solemos utilizar como sinónimos. Cuando decimos que un paciente debe hacerse cargo de su falta, en realidad estamos expresando que tiene que asumir su castración.

Aclaremos el tema.

Lacan define la castración como la falta en lo simbólico de un objeto imaginario. Con esto quiere significar que somos nada más que seres humanos y, por lo tanto, jamás estaremos completos. Siempre nos faltará algo. Entonces, para llenar ese vacío estructural que nos recorre, cada uno de nosotros construye un objeto al que idealiza; un objeto maravilloso que a partir de ese momento será el encargado de tapar nuestra falta.

El objeto puede ser cualquiera, la juventud, la belleza, el dinero, el éxito o la familia. No importa cuál en tanto pueda, de modo imaginario, calmar el sentimiento de vacío que nos angustia. Una vez construido, ese objeto se volverá lo más valioso de nuestra vida.

La juventud lo fue para Ponce de León y para muchas personas que hoy se someten a cruentos tratamientos intentando disfrazar el paso del tiempo. El dinero para aquellos que fueron en busca de Eldorado, o para quienes hoy dejan de lado sus afectos o su dicha en pos de un crecimiento económico que nunca será suficiente –Bertrand Russell se preguntaría qué saben estas personas de sus hijos–. El objeto fue el poder para los traidores que asesinaron por la espalda a sus emperadores para ocupar su lugar. El amor ilusionó con completar la vida del joven Romeo que, con tal de conseguirlo, se arriesgó a morir en el balcón de sus enemigos, los Capuleto.

Dijimos que toda búsqueda está condenada al fracaso. ¿Por qué? Porque solemos buscar aquello que creemos que cubrirá nuestra falta. Es entonces cuando entramos en un laberinto sin salida. Porque lo que nos falta, nos faltará siempre.

No existe felicidad sin falta.

Por eso no se trata de encontrar la felicidad, sino de pensar la *faltacidad*.

5. FELICIDAD Y FRUSTRACIÓN

Dijimos que nadie puede sentirse frustrado y ser feliz al mismo tiempo.

Hemos dicho también que a todos siempre nos faltará algo. Como la castración, la frustración es otra de las formas en que puede manifestarse la falta. Para evitar que el término se nos vuelva un "falso amigo", definamos de qué se trata.

Lacan define la frustración como la falta imaginaria de un objeto real. Con eso quiere decir que nos sentimos frustrados cuando nos falta algo que creemos merecer. Para que surja la frustración, esa falta debe venir acompañada de la sensación de injusticia, de que merecíamos el objeto cuya falta padecemos.

Observemos cuando las cámaras de televisión toman los rostros de los perdedores en una competencia. Algunos aplauden y sonríen, pero aquellos que creían merecer el premio se levantan y se van indignados o evidencian su enojo.

Eso es la frustración: un estado que causa un disgusto que debe resolverse de la manera más sana. De lo contrario, quien se siente frustrado sólo tendrá dos caminos: proyectar su enojo o guardarlo dentro de sí.

La proyección es un mecanismo de defensa que consiste en expulsar sentimientos o deseos propios y volcarlos sobre algo o alguien externo.

Así, la persona frustrada se enojará con Dios, con la vida, con el destino o con los demás, a quienes responsabilizará de su falta.

Solemos ser bastante condescendientes con nosotros mismos y resulta más fácil proyectar la culpa de nuestros fracasos que hacernos cargo de la responsabilidad que nos cabe. No es fácil cambiar esa actitud. Por el contrario, es el resultado de un camino arduo.

La emoción es mucho más rápida que el pensamiento.

La autocrítica es producto del pensamiento, mientras que el enojo es fruto de la emoción. Por eso, cuando ocurre algo que nos conmueve, es de esperar que surja antes una reacción emocional que una racional. Para modificar esto hay que desarrollar dos capacidades: aumentar la velocidad del pensamiento y lentificar la respuesta emotiva. Sólo entonces, cuando recibamos un estímulo desagradable podremos evaluar el comportamiento adecuado en lugar de devolver de inmediato la agresión.

La segunda opción ante la frustración es que el enojo permanezca dentro. Pero si el enojo no puede resolverse con sanidad también se generará una reacción agresiva. La diferencia estará en que esa agresión, en lugar de ser proyectada sobre algo o alguien externo, se volverá hacia el propio $ujeto produciendo estados de depresión, culpa o melancolía. O impulsándolo a llevar adelante actos que lo pongan en peligro, incluso que lo lleven a la autodestrucción.

Cualquiera sea el camino que el enojo tome, queda claro que una persona frustrada no puede ser feliz.

Pienso en Fernando. Un paciente de cuarenta y cinco años. Su padre era arquitecto y su madre, médica. Vivían en un barrio que él describe como "maravilloso". En una "casa con pileta". Todos los años, al menos una vez, sus padres viajaban a Europa. En cambio, hoy Fernando alquila un departamento de tres ambientes que paga con mucho esfuerzo y hace tiempo renunció a los viajes de placer.

En su relato se percibe el reconocimiento a sus padres por el ascenso social y el desdén por el descenso que él encarna. A veces se siente responsable de esto. Otras, no. Entonces, se enoja y echa la culpa a las circunstancias, al país, incluso a su familia. Temeroso de complicar aún más su situación se niega a hacer algo. Está paralizado y procrastina todo deseo.

Fernando goza.

Se flagela.

Se siente frustrado.

En ocasiones proyecta su rabia y, en otras, esa rabia lo lastima. Oscila en un vaivén constante entre la proyección y la introyección. A veces, envidia a quienes tienen lo que cree merecer. Cuando no, se odia y pregunta por qué está "detenido", por qué no puede "tocar el mundo", exponerse e ir por lo que desea si tantos, con menos méritos que él, lo han logrado. Pero él no puede. Porque, como suele decir: es "un fracasado". Y eso lo frustra.

Eduardo Galeano dijo que el código moral del fin del milenio no condena la injusticia, sino el fracaso. Por desgracia, lo mismo ocurre en este comienzo de milenio. Sin embargo, fracasar es el destino de la mayoría de nuestros sueños. La vida es un territorio con más fracasos que logros. Es, además, un territorio confuso.

Se puede escribir un libro extraordinario y no alcanzar la expectativa de ventas o popularidad. Entonces, ¿hasta dónde el fracaso comercial debería frustrarnos?

Recordemos una vez más lo que Victor Hugo dijo sobre el éxito y no dejemos que su cercanía con el mérito nos confunda. Resistamos la tentación de caer en la doctrina de la meritocracia. De lo contrario, el resentimiento y la caída del amor propio serán fatales.

Fernando lo sabe. Pero no puede evitarlo.

Se compara con sus padres y sufre.

A veces la aceptación de la "falta" lo tranquiliza. "Nadie lo puede todo", dice para calmarse.

No es un tema menor. Dado que la falta es estructural y siempre generará una emoción (dolor, enojo, angustia, tristeza), la felicidad dependerá también de cómo respondamos a la inminencia de esa falta que más tarde o más temprano va a evidenciarse. Aunque existan momentos en los que pareciera no haber falta, momentos engañosos donde ocurre algo extraordinario o aparece alguien tan especial que genera un resplandor, un brillo que obnubila su sombra.

El mejor ejemplo es el amor. Cuando alguien se enamora, cuando da el primer beso o tiene el primer encuentro sexual, siente como si la muerte no existiera y las pérdidas no importaran. ¿Por qué? Porque el encandilamiento que ha generado el encuentro ciega tanto que la falta se vuelve imperceptible.

Algunos llaman a eso felicidad.

A esto se refieren quienes sostienen que "la felicidad son instantes". Instantes en los que se corrió un velo que tapó aquello que no se tiene, que no se tendrá nunca o que se ha perdido. Pero estos estados son demasiado pasajeros.

Si, como dijo Hegel, somos apenas unos seres poco importantes que caminan sobre un oscuro cascote que gira alrededor del Sol, reconozcamos al menos que estos humildes seres son conscientes del tiempo, de su falta y, por lo tanto, de la muerte.

Como dijo Horacio Ferrer, los seres que no saben acerca de la muerte no tienen tiempo, no tienen ni pasado ni futuro. El ser humano, sí.

Sabernos mortales será una gran frustración, siempre y cuando creamos que no merecemos la muerte.

6. FELICIDAD Y MUERTE

Antonio Gala dijo alguna vez que la muerte no estaba mal pensada. Contrariando la idea que yo mismo he sostenido acerca de que la muerte era una injusticia, Gala me hizo dudar. Hoy creo que él tenía razón. Que hay un momento en que es hora de morir.

Cuentan los mitos que Aurora, diosa del amanecer, perdidamente enamorada de Titono pidió a Zeus que le concediera al joven la inmortalidad. Pero se olvidó de pedir que también le otorgara la juventud eterna. Y ese olvido tuvo consecuencias.

Titono envejece día tras día y, en lugar de la juventud eterna, encerrado en un palacio, debe soportar una vejez sin fin.

La inmortalidad sólo es deseable en compañía de un cuerpo que no sienta los achaques del tiempo y siga reaccionando a los embates de la pasión. La idea de

GABRIEL ROLÓN

la muerte es impactante porque pone fin a cualquier sueño y señala que lo que no se ha conseguido no se conseguirá jamás. Se terminó el tiempo. Es un límite, un "basta", un abismo de desconocimiento que angustia. Aunque en ocasiones prometa algún alivio.

La conciencia de la finitud nos hace humanos, pero no debe ser tomada como un pretexto para renunciar al intento de ser feliz.

El romanticismo construyó una mirada particular que hizo del dolor un mérito: el enamorado que sufre, el héroe que muere padeciendo.

Una vez más, retomemos a Bertrand Russell. En *La búsqueda de la felicidad* ataca a quienes militan la desdicha.

Personalmente, no creo que el hecho de ser infeliz indique ninguna superioridad mental. El sabio será todo lo feliz que permitan las circunstancias, y si la contemplación del universo le resulta insoportablemente dolorosa, contemplará otra cosa en su lugar. Esto es lo que me propongo demostrar en el presente capítulo. Pretendo convencer al lector de que, por mucho que se diga, la razón no representa ningún obstáculo a la felicidad; es más, estoy convencido de que los que, con toda sinceridad, atribuyen sus penas a su visión del universo están poniendo el carro delante de los caballos: la verdad es que son infelices por alguna razón de la que no son conscientes, y esta infelicidad los lleva a recrearse en las características menos agradables del mundo en que viven.

De manera provocativa, Russell señala que los que viven de modo trágico mienten una postura romántica y lúcida cuando en realidad sufren por sus propias limitaciones. Tal vez por traumas que arrastran del pasado. Al menos eso sentencia con una frase muy psicoanalítica: *son infelices por alguna razón de la que no son conscientes*. Es decir, sufren por razones inconscientes.

Es un punto interesante. No ser un profesional de la tristeza. No habitar el mundo sobreactuando el padecimiento.

Es cierto: la conciencia de la finitud es la espada de Damocles que se balancea sobre nuestras cabezas. Pero recordemos las palabras de Freud al poeta: no debemos renunciar a la dicha sólo porque las cosas sean perentorias.

* * *

Hay quienes sostienen que la felicidad es una meta a alcanzar. La constitución de los Estados Unidos la considera incluso un derecho. No deja de asombrarme. La carta magna de un país puede garantizar muchas cosas, pero no marcar cómo funciona el psiquismo de cada uno de sus habitantes.

La felicidad no es una meta ni un derecho, es un desafío.

El desafío de sostener la mirada frente a la idea de la muerte sin desmoronarse. No podemos permitir que la existencia de la muerte y de las pérdidas nos robe la posibilidad de ser felices. Tampoco debe quitarnos el derecho al dolor. Muchos se preguntan: "¿Para qué voy a sufrir si moriré de todos modos?". "¿Por qué llorar por esa persona que me engañó cuando dentro de poco estaré muerto? Si algún día seré parte de ese abismo de silencio y de nada, ¿por qué sufrir ahora por algo tan pequeño como una traición?"

Ambas posturas son cuestionables. Podemos ser felices y también llorar por nuestras pérdidas, aunque vayamos a morir.

La idea de la muerte no impide la felicidad ni obtura el dolor, porque el aquí y ahora es tan potente que no basta la amenaza para eludir el sufrimiento que provoca un abandono, la pérdida de un amor o la muerte de un ser querido.

No es tan sencillo.

La certeza de la finitud no alcanza para oscurecer la alegría de una caricia, la potencia de un encuentro amoroso, o para transformarnos en ilusos felices.

La muerte está en el futuro, y el futuro no es alivio para el dolor presente. Por eso no sirven las torpes palabras de consuelo que invitan al abandonado a pensar que dentro de un tiempo estará mejor. Aunque esas palabras sean ciertas. Aunque el tiempo pase y traiga alivio, ese alivio también habita en el mañana y no puede impedir el sufrimiento de ese presente.

De igual modo, la amenaza de la muerte no debería bastar para que renunciemos a la felicidad. Porque la felicidad está en el presente. La amenaza de la muerte es casi una invitación a buscar momentos de placer ahora.

Alguna vez sostuve que nadie puede ser feliz sino al costo de una cierta ignorancia.

En *Historia universal de la infamia*, en el relato dedicado a Monk Eastman, el proveedor de iniquidades, Borges escribe:

> *Había recibido cinco balazos. Desconocedor feliz de la muerte, un gato de lo más ordinario lo rondaba con cierta perplejidad.*

Desconocedor feliz de la muerte.

A eso me refería, y aquí se hace explícito el interrogante: ¿somos más felices en la ingenuidad, en el desconocimiento de la muerte?

Con mucha astucia Borges adjetiva para producir el efecto de sentido. Si no estuviera la palabra "feliz", el gato desconocedor de la muerte sería apenas un ser ignorante y no generaría ningún impacto, ni mucho menos la sensación de que para evitar la tragedia hay que desconocer la muerte.

Hoy no estoy muy convencido de que ese desconocimiento promueva la dicha. Pienso en cambio que la certeza de finitud, ese sentimiento trágico de la vida, como lo llamó Unamuno, es lo que abre la posibilidad de ser feliz. Es el límite, la conciencia de no tener todo el tiempo del mundo lo que nos invita a salir del letargo y afrontar la batalla por la felicidad.

La vida está llena de tragedias y dolores que anteceden a la muerte. Nadie ha tenido una vida maravillosa hasta que una mañana, de repente, se muere. La vida es un lugar dramático. Hay tropiezos, pérdidas e ilusiones rotas. También hay placer y deseos que se concretan.

Solemos confundir lo dramático con lo trágico. No es así.

Cuando los griegos crearon el arte teatral pensaron en el relato de un drama, una "trama" que a veces contaba una comedia y otras una tragedia. Al decir que la vida es dramática me paro sobre esta idea para señalar que es un lugar donde conviven lo trágico y lo festivo. Aunque la certeza del desenlace inevitable, la muerte, nos invite a imaginar un final a toda orquesta.

Tampoco estoy convencido de que sea así. Tal vez, el momento de morir no sea siempre el acto más doloroso de la vida.

He mirado a los ojos de la muerte.

Más de una vez estuve junto a personas agonizantes, sentado en sus camas, sosteniendo sus manos, acompañando, y a muchas de ellas las había visto sufrir más que en ese instante. Por eso pienso que es posible que el fantasma de la muerte, ese abismo que no puede simbolizarse, perturbe más a una persona vital que a un muriente.

El nacimiento y la muerte son los hechos trascendentales que marcan el comienzo y el fin de una vida. Eso no implica que el día del nacimiento sea el más feliz ni que el día de la muerte sea el peor.

El más importante de nuestros días es aquel en que comprendemos quiénes somos y qué deseamos.

Un día que implica al mismo tiempo un comienzo y un final.

Recuerdo una entrevista a Arthur Rubinstein.

Quien tal vez sea el mejor intérprete de Chopin de la historia comentaba que desde hacía un tiempo escuchaba a jóvenes que eran pianistas excepcionales. Jóvenes que tocaban de manera perfecta y, sin embargo, ninguno de ellos era un músico, porque al escucharlos no podía más que decir "es extraordinario. Un segundo Chopin o un segundo Liszt", y Rubinstein se preguntaba: "Pero, ¿dónde está él en lo que hace?".

Aquellas palabras me llevaron a un episodio de la vida de Ástor Piazzolla.

Hacia 1949 Piazzolla abandonó el bandoneón y se introdujo de lleno en el mundo de la música académica. Desapareció de los cabarets y los cafés e intentó sobrevivir como arreglador de otras orquestas y compositor de música incidental para cine. Así, de a poco, realizó obras que tenían una concepción diferente al tango tradicional, y en ese momento comenzó a gestarse su estilo particular.

En 1951 compuso *Buenos Aires (Tres movimientos sinfónicos),* una obra erudita que cambiaría su destino.

Ástor la presentó en el concurso por el premio "Fabien Sevitsky", que otorgaba la suma de 5000 pesos (por ese entonces, 250 dólares).

Fabien Sevitzky era un famoso director ruso y parte del premio consistía en que él mismo viajaría a la Argentina para dirigir la obra ganadora. Y esa obra fue *Buenos Aires (Tres movimientos sinfónicos).*

Como estaba previsto, en agosto de 1953 Sevitzky llegó al país y dirigió la composición de Piazzolla en el auditorio de la Facultad de Derecho. La rareza era que esa sinfonieta incluía dos bandoneones. Al concluir el concierto unos pocos aplaudieron, muchos se retiraron indignados e incluso hubo algunos que se trenzaron a golpes.

Ante la desazón de Piazzolla, el propio Sevitzky lo consoló recordándole los escándalos que se generaron cuando Stravinsky estrenó *La Consagración de la Primavera* y Ravel, su famoso *Bolero.*

–No se preocupe –le dijo–. Es publicidad.

Pero lo más importante del hecho fue que el concurso concedía además una beca para viajar a París.

Reconocimiento que Ástor aprovechó para estudiar con Nadia Boulanger, maestra de Quincy Jones, Michel Legrand, Egberto Gismonti y Daniel Barenboim, entre otros.

El encuentro con Boulanger fue impactante. Así lo cuenta Piazzolla:

Llegué a la casa de Nadia con una valija llena de partituras, ahí estaba toda la obra clásica que había compuesto hasta ese momento. Las dos primeras semanas Nadia las dedicó al análisis. "Para enseñarle —me dijo— primero debo saber hacia dónde apunta su música". Un día, por fin, me dijo que todo eso que había llevado estaba bien escrito, pero que no encontraba el espíritu.

Al escuchar esas palabras, Ástor quedó desolado. Sin embargo, no cedió al fracaso inicial y siguió yendo a sus clases. E hizo bien, porque algo encontraría la maestra en ese músico argentino.

Me preguntó qué música tocaba en mi país, qué inquietudes tenía. Yo no le había dicho nada de mi pasado tanguero y mucho menos que el instrumento era el bandoneón que estaba en el ropero de la habitación, ahí en París.
Pensaba para mí: si le digo la verdad, me tira por la ventana. […] A los dos días tuve que

sincerarme. Le conté que me ganaba la vida haciendo arreglos para orquestas de tango, [...] y que cansado de todo creía que mi destino musical estaba en la música clásica.

Nadia me miró a los ojos y me pidió que tocara uno de mis tangos en el piano. Entonces le confesé lo del bandoneón, que no esperara escuchar a un buen pianista, porque en realidad no lo era. Ella insistió. "No importa, Ástor, toque su tango". Y arranqué con "Triunfal". Cuando terminé, Nadia me tomó las manos y con ese inglés tan dulce que tenía, me dijo: "Ástor, esto es hermoso, aquí está el verdadero Piazzolla, no lo abandone nunca".

Y esa fue la gran revelación de mi vida musical.

Impulsado por aquellas palabras Piazzolla desató un frenesí creativo que había estado retenido mucho tiempo.

Desde entonces, Ástor fue Piazzolla.

Esta anécdota desliza una idea: el fracaso es independiente del resultado. El verdadero fracaso se obtiene cuando no hay nada de uno mismo en lo que se hace. Cuando la obra está alienada del autor.

Se puede ganar. Se puede perder. Pero, ¿cuánto hubo de nosotros en juego? Y no pienso sólo en obras de arte o concursos. Pienso en el amor, en la amistad, en los proyectos laborales, en la vida misma. ¿Hay algo de nosotros en nuestra vida, o fracasamos?

A lo mejor, si algo no salió como esperábamos pero estuvimos presentes en lo que hicimos, debamos aceptar la derrota sin tanto sufrimiento y sin temor al juicio ajeno.

No es fácil en un mundo donde lo único que importa es el resultado. En un mundo que nos incita a ir sólo por el fin. Pero la vida no es el fin, es el "camino al andar". El fin es siempre el mismo. Nos morimos. Entonces, ¿fracasamos todos?

Pienso en el espíritu agonal de los griegos.

No siempre algo que no se consigue debe frustrarnos.

Es importante para diferenciar cuáles son los momentos felices. De lo contrario sería muy fácil: los momentos de éxito serán felices y los momentos de derrota serán desdichados.

No es tan sencillo.

Seamos disruptivos y separemos el éxito del resultado.

La derrota y la victoria son consecuencias posibles cada vez que se toma una decisión y se emprende un camino, y ninguno de las dos da cuenta de los méritos ni del nivel de felicidad.

No es lo mismo ser feliz que haber obtenido éxito.

Y haber fracasado no nos condena a la desdicha.

7. FELICIDAD MENTIDA

Una noche como muchas en la vida de un matrimonio de clase media. Mientras se disponen a comer conversan de modo animado. De fondo se escucha el sonido del televisor. De pronto se produce un silencio. El aparato ha dejado de funcionar. El hombre lo golpea para ver si arranca. La mujer llama al técnico.

Siguen poniendo la mesa y sin la distracción que aportaba la televisión la charla se hace más profunda, más difícil y molesta, hasta que escala a un nivel de agresión inesperado que termina con el develamiento de secretos que se habían mantenido ocultos e insultos. Incluso golpes. La escena es opresiva. Cuando asoma la tragedia suena el timbre. El técnico ha llegado. En pocos minutos arregla el desperfecto y se va.

El matrimonio celebra que no haya sido nada importante. Suben el volumen, se sientan a comer. Al rato se ríen y de a poco se sumergen otra vez en su rutina como si nada hubiera ocurrido.

Este es el argumento de *El gran deschave*, una obra teatral escrita por Armando Chulak y Sergio De Cecco.

Tuve la oportunidad de verla en su versión original con la dirección de Carlos Gandolfo y las actuaciones de Federico Luppi y Haydeé Padilla.

Salí impactado. Era muy chico. Creo que todavía no había cumplido los dieciséis años. En aquella época no se hablaba de violencia de género ni de otros temas importantes que hoy se han visibilizado.

Al iniciar la obra sólo vi una familia clásica. Un matrimonio común. Hasta que el clima comenzó a enrarecerse. Desconocía ese grado de violencia intrafamiliar. Tenía la suerte de haber crecido en un hogar donde reinaba el afecto y la armonía. Mis padres jamás discutieron y se amaron hasta que el cáncer de mi padre puso punto final a su historia. No a la historia. La historia continúa, aún hoy. Como escribió Miguel Ángel Morelli, nadie muere por completo si ha embarazado el vientre del recuerdo.

Aquella obra me marcó.

Sobre el escenario, esa pareja simulaba una felicidad de cotillón, un paraíso artificial que sólo se sostenía gracias al velo de la distracción.

Hoy, con los focos mejor dirigidos, sabemos que se trata de algo mucho más común de lo deseable. Que hay vidas dolorosas y personas muy frustradas que corren una cortina que oculta una verdad que no quieren ver. Así, cortina tras cortina impostan una felicidad que en realidad no existe. Es difícil detenerse a cuestionar si estamos donde y con quien queremos estar. Si somos quienes deseamos ser o si por temor seguimos adelante y sostenemos realidades que no deberían sostenerse.

Vivir es complejo e inventar felicidades aparentes es una tentación que a veces cuesta resistir.

Recuerdo los fines de semana de mi niñez.

Días que pasaba feliz entre primos queridos, partidos de fútbol y árboles trepados. Domingos donde religiosamente se amasaban las pastas y los adultos hablaban casi siempre de lo mismo hasta que, para coronar la tarde, se jugaba un campeonato de truco. Reían. Parecían felices. Como si aquello fuera importante. Y creo que la alegría era genuina. ¿Lo sería?

Muchos maquillan su realidad porque están más cerca de las necesidades básicas que del deseo.

Y es que tal vez la felicidad sea un concepto elitista. Un ideal que requiere de alguien que sea capaz de preguntarse por su deseo. Algo que no puede hacer quien tiene una necesidad vital. Un ser necesitado tal vez deba adornar su existencia mientras, como decía Schopenhauer, su vida transcurre en un péndulo que va del aburrimiento al dolor.

A veces escucho relatos de pasados supuestamente felices y siento que no ha sido así. Que es un poco doloroso mirar hacia atrás y encontrar que los momentos más felices de mi padre tenían que ver con jugar un campeonato de truco los domingos. Y no porque ahí no existiera felicidad. En absoluto. Pero no puedo dejar de preguntarme si sería así o era sólo una máscara.

El gran deschave evidencia el esfuerzo que hacen dos personas para no admitir que no son felices, que no están donde quieren estar, que no están con quien quieren estar, que hace mucho que no hablan, y que aun así se esfuerzan en sostener lo insostenible.

Pero no nos confundamos. Esto no tiene que ver con cuestiones de clase.

La "Yoly" de Lanús, aquel personaje entrañable de Nelly Fernández Tiscornia del que hablamos en otro de mis libros, estaba donde quería. Por eso se negaba a viajar a los Estados Unidos para lograr una tranquilidad económica y un ascenso social. Porque no quería irse a ningún otro lado. Ahí, en su patio pobre, con la ropa colgada por encima de la mesa donde comía, era quien quería ser, estaba con quien deseaba estar. Y se sentía feliz.

Si reemplazamos el campeonato de truco por una partida de póker tal vez también podríamos estar ante gente que maquilla su cotidianeidad para no percibir su desdicha.

La desesperación con la que el matrimonio de *El gran deschave* rearma sus velos cuando llega el técnico y arregla la televisión invita a pensar en las cosas que se callan para mantener una situación cuando tal vez habría que cuestionar el precio que se paga para que esa situación se sostenga.

Quizás, para algunas personas hay cosas más importantes que la felicidad. Por ejemplo, no estar solo. O mantener lo que Byung-Chul Han denominó un "confort apático".

La felicidad no es confortable ni cómoda.

Todas las cosas importantes de la vida son incómodas.

Caminar hacia lo que deseamos es incómodo. Es vertiginoso.

Dijimos que el goce implica un regodeo en lugares de los que no se puede salir. Una especial vocación para el padecimiento o la repetición de actitudes que lastiman. ¿No es entonces el goce un territorio de confort?

En nuestro tiempo se trata de un concepto valorado, pero es seguro que un hombre de Cromañón o un Neandertal no estaban preocupados porque en sus cuevas hubiese un colchón cómodo donde dormir. Su preocupación pasaba por comer y no ser comidos, nada más. Tal vez entonces no había confort. Había necesidad de sobrevivir.

Confort es un galicismo procedente de la palabra francesa confort, que a su vez proviene del latín *confortare* (aquello que produce bienestar y comodidades).

El amor y la pasión no son estados confortables. La verdad tampoco. Por el contrario, las cosas trascendentales nos arrojan a mundos inseguros donde el dolor es una amenaza permanente.

Al igual que la esperanza, la comodidad invita a detener el deseo, porque el deseo es cambio, es riesgo. A quien busca el confort se lo puede dominar con muy poco. En cambio, un sujeto lanzado a la búsqueda de la felicidad es una persona muy difícil de manejar. Es un ser dispuesto, incluso, a arriesgar su vida por un ideal de libertad, de justicia. O por un amor.

De todos modos, no debemos confundir la palabra "confort" con el término español "confortar", que significa dar vigor, espíritu y fuerza; animar, alentar, consolar al afligido. Algo que los analistas conocemos muy bien.

Poco antes de que se gestara la Revolución Industrial en Inglaterra, el filósofo David Hume concibió la idea de que la comodidad podía ser vista como una forma más de la belleza que gratificaba los sentidos e incrementaba la felicidad humana.

Un pensamiento que va en la misma dirección del poder. Se equivocaba.

Si existe la felicidad, tiene que ser incómoda.

V

A PESAR DEL HORROR

Aullando entre relámpagos, perdido en la tormenta
de mi noche interminable, ¡Dios!, busco tu nombre.

ENRIQUE SANTOS DISCÉPOLO

1. FELICIDAD ESCONDIDA

Suele hablarse de sentimientos "humanitarios" cuando se alude a la bondad, la comprensión o la generosidad. Por el contrario, cuando alguien comete un acto cruel negamos su humanidad y decimos que se trata de un monstruo o un animal. Nada más errado. La crueldad es una característica puramente humana. No nos gusta esa idea y tendemos a negarla, pero con escasas excepciones pertenecemos a una especie que agrede lo que no entiende, que odia al diferente y destruye todo lo que se le opone. Una especie que ha inventado la guillotina, la tortura y la guerra. Y en medio de los horrores de una de las tantas guerras que la humanidad ha librado, denominada la "Gran Guerra", la misma donde muere un sobrino de Freud, la misma por la que se preguntaba Einstein, un hombre llamado Otto Frank peleó defendiendo a Alemania. Aunque eso de poco le valdría: algunos años más tarde, para el nazismo Otto no sería un héroe de guerra; sería un judío.

Otto Frank nació en mayo de 1889 en el seno de una familia de judíos liberales. Siendo muy joven se estableció en Nueva York hasta que la muerte inesperada de su padre hizo que volviera a Alemania. En 1915 se alistó en el ejército para defender a su país en la Primera Guerra Mundial. Al terminar la contienda, con el grado de teniente y condecorado, comenzó a trabajar en el banco de su familia.

Era un hombre esforzado y responsable que a los treinta y seis años se casó con Edith Holländer, con quien tuvo dos hijas: Margot y Annelies, a quien llamaban simplemente Ana.

Eran tiempos difíciles.

Alemania atravesaba una crisis que sumía a gran parte de su población en un estado de pobreza extrema. La vergüenza por la derrota sufrida en la guerra, las condiciones opresivas del tratado de Versalles, las necesidades económicas y el enojo del pueblo alemán generaron el marco propicio para el surgimiento de un *Führer*, un guía mesiánico que llevaría a la nación a una nueva guerra.

Apuntalado en el descontento y la insatisfacción general, Hitler fue logrando el apoyo popular hasta conseguir el cargo de canciller. Era el año 1933. Año en que Otto y Edith tomaron la decisión de abandonar Alemania. Asustados por la crisis económica, pero mucho más por el antisemitismo nazi, migraron a Ámsterdam, donde la familia intentó construir una nueva vida.

En ese ámbito de paz y en un lugar abierto a la diversidad cultural y religiosa, Otto fue logrando de a poco un buen pasar para él y su familia. Sus hijas se adaptaron con facilidad a la nueva tierra, aprendieron el idioma e hicieron amistades. Pero la tranquilidad terminó de modo abrupto en mayo de 1940, cuando el ejército alemán invadió los Países Bajos.

A partir de ese momento volvió el infierno, no sólo para la familia Frank sino para todos los miembros de la comunidad judía.

Sin embargo, Otto era un hombre especial. Su bondad lo había hecho acreedor del respeto y el cariño de sus empleados, gracias a los cuales pudo mantener funcionando sus negocios sin llamar la atención de los nazis.

Cuando poco después comenzó el arresto de hombres judíos para ser llevados al campo de concentración de Mauthausen, Otto pensó que era momento de abandonar los Países Bajos para establecerse en los Estados Unidos. Lo intentó, pero no pudo. Siempre faltaba algún papel, un trámite más que se lo impedía. Mientras tanto, recibía las noticias de que sus amigos morían en Mauthausen.

Consciente del desastre que se avecinaba, el hombre tomó una decisión que parecía una locura: construir un escondite. Utilizó una parte de su comercio y comenzó a preparar una morada que pudiera alojar a su familia y, si fuera necesario, también a la de Hermann van Pels, que trabajaba para él y con quien se había encariñado. Cuatro de sus empleados más cercanos se sumaron al proyecto y se comprometieron a abastecerlos de todo lo necesario en caso de que debieran ocultarse en el lugar.

Pero a pesar de su previsión un hecho inesperado apuraría las cosas: su hija Margot recibió la orden de presentarse en un campo de trabajo en Alemania. Otto sabía lo que eso significaba y no dudó. Al día siguiente fue junto a su mujer y sus hijas al escondite que aún no había terminado de acondicionar y se recluyó en la parte posterior del edificio de la calle Prinsengracht 263. La familia Van Pels llegaría una semana más tarde. Unos meses después se les uniría Fritz Pfeffer.

El lugar estaba completo. Ya no había espacio para nadie más. Y así estas ocho personas, Otto, su esposa Edith, sus hijas Margot y Annelies, Hermann van Pels, su cónyuge Auguste, su hijo Peter y el señor Fritz Pfeffer, comenzaron una convivencia que duraría dos años, desde 1942 a 1944. Durante ese tiempo, dependieron de los empleados y amigos que arriesgando su vida les proporcionaron alimentos, ropa e incluso libros y periódicos para que los jóvenes siguieran estudiando y los adultos estuvieran al tanto de los acontecimientos.

Como era de esperar, Otto se hizo cargo de liderar "el Anexo Secreto", como llamaron al lugar al que se ingresaba a través de una puerta oculta tras una biblioteca. Era "el tranquilo", el que equilibraba a todos y mediaba en cada disputa que se generaba, que por cierto no eran pocas.

Imaginemos la situación.

Pensemos cuánto cuesta sostener la armonía con padres, hijos, o una pareja y comprenderemos lo difícil que debe haber sido para aquellas personas relacionarse en tan pocos metros cuadrados, sin poder siquiera salir del lugar y guardando una estricta conducta en cada detalle.

A excepción de algunos pocos, ni el personal ni los clientes sabían de ellos, y como el almacén estaba justo debajo del escondite cualquier mínimo ruido podía delatarlos. Por eso seguían un comportamiento muy riguroso.

Tenían horas específicas para utilizar el baño y el agua porque las cañerías podían denunciar la presencia de las familias ocultas. Caminaban en medias para nadie escuchara sus pasos. Cuando estudiaban leían sin hablar siquiera entre ellos en horarios laborales, y sólo cuando el comercio estaba cerrado se permitían escuchar la radio para enterarse de las noticias de la guerra. Se obligaban a dormir durante el horario de la siesta para hacer menos ruido. Para evitar que se viera la luz interior, se iluminaban con las pequeñas ventanas de la parte posterior del edificio. Ventanas que tapaban con telas oscuras durante la noche.

Sin embargo, no todo fue un infierno.

A medida que pasaba el tiempo, los adolescentes Annelies y Peter se volvieron cada vez más cercanos hasta que se enamoraron. Sí. En medio del horror, de la amenaza y el miedo surgió el amor. Peter y Ana se abrazaban y besaban en la habitación del joven, que era el único que tenía un cuarto privado.

Los analistas priorizamos la realidad psíquica sobre la "realidad objetiva". Aquella joven estaba recluida desde hacía mucho tiempo, sin ir a la escuela, sin pisar la calle, condenada a un encierro insoportable. Sin embargo, movilizada por sus sentimientos, su realidad era otra:

Y por la noche, en la cama, al terminar mis rezos con las palabras: "Gracias, Dios mío, por todo lo que es bueno, amable y hermoso", mi corazón se regocija. Lo "bueno" es la seguridad de nuestro escondite, de mi salud intacta, de todo mi ser. Lo "amable" es Peter, es el despertar de una ternura que nosotros sentimos, sin osar todavía, ni el uno ni el otro, nombrarla o tan siquiera rozarla, pero que se revelará: el amor, el porvenir, la felicidad. Lo "hermoso", es el mundo, la naturaleza, la be-

lleza y todo cuanto es exquisito y admirable. No pienso ya en la miseria, sino en la belleza que sobrevivirá.

Peter es, para Ana, su despertar erótico y su futuro: el amor, el porvenir y la felicidad. Aunque esas emociones debieran jugarse en un aislamiento injusto.

Tengo la sensación de compartir un secreto con Peter. Cada vez que él me mira con esos ojos, con esa sonrisa y ese guiño, me parece que se enciende en mí una llamita. ¡Con tal que eso siga así! ¡Con tal de que podamos seguir pasando horas juntos, horas y horas de felicidad! Tu feliz y agradecida, ANA.

La vida es un lugar difícil y el ser humano es cruel. Por eso no alcanzaron los sueños adolescentes de Ana y Peter para cambiar sus destinos.

El 4 de agosto de 1944, policías armados entraron de improviso al "Anexo Secreto".

Los habían descubierto. Quizás alguien los había delatado. Jamás se supo. Era un día soleado y agradable. En cambio, para los habitantes del "Anexo Secreto" fue el comienzo de un auténtico calvario.

Cerca de las diez y media de la mañana las fuerzas de seguridad irrumpieron en el edificio de la calle Prinsengracht. Un hombre de baja estatura con un revólver en la mano apuntó a dos de los empleados que habían ayudado a los que estaban escondidos, la señora Miep Gies y Victor Kugler, director del lugar, y les exigieron que los acompañaran para registrar el edificio. Así dieron con la biblioteca giratoria. La entrada al refugio estaba muy bien disimulada, pero no lo suficiente como para eludir la mirada de los nazis.

Otto ayudaba a Peter con sus tareas. Al bajar vio a su esposa, sus hijos y la familia Van Pels inmóviles y con las manos en alto.

Decididos a tomar lo que fuera de valor, la policía comenzó a llevarse todo lo que podía. El jefe vació el maletín de Otto, del que cayeron algunas hojas escritas que no consideraron importantes. Se los llevaron detenidos, y ahí comenzó otra historia.

Algunos días después, los trasladaron al campo de tránsito de Westerbork, y a las pocas semanas todos fueron embarcados en el último tren que salió hacia el campo de exterminio de Auschwitz-Birkenau. Hombres y mujeres estaban separados en el andén.

Esa fue la última vez que Otto vio a su familia.

¿Qué pasó con los ocho habitantes del "Anexo Secreto"?

Edith fue separada de sus hijas Margot y Annelies, y se quedó sola en Auschwitz-Birkenau cuando su amiga Auguste fue deportada a Bergen-Belsen. A partir de ese momento su salud comenzó a decaer. Entró en un estado delirante. Vagaba buscando a sus hijas y se negó a comer. Escondía el alimento bajo el colchón porque, según decía, sus hijas lo necesitaban más que ella. Edith murió de inanición el 6 de enero de 1945.

Margot, la mayor, falleció en Bergen-Belsen de tifus a principios de marzo de 1945. Su hermana Annelies murió unos días después de la misma enfermedad y en el mismo lugar apenas antes de que el campo fuera liberado.

Hermann van Pels bajó los brazos ni bien entró en Auschwitz-Birkenau, lo que significó su sentencia de muerte. A las tres semanas de su llegada, al verlo deprimido y sin posibilidades de trabajar, los nazis lo seleccionaron para enviarlo a la cámara de gas. Su hijo Peter fue obligado a presenciar esa selección.

Otto protegió al joven durante el tiempo que estuvieron juntos. Pero a pesar de sus consejos, Peter se negó a permanecer en la enfermería de Auschwitz-Birkenau cuando el campo fue abandonado. Creyó que tendría más posibilidades de sobrevivir si participaba de la marcha de evacuación hacia el campo de exterminio de Mauthausen. Se equivocó. Murió a los 18 años, tres días antes de que las tropas aliadas liberaran Mauthausen.

Se desconoce la fecha y el lugar de la muerte de su madre, Auguste van Pels, aunque se sospecha que murió camino al campo de concentración de Theresienstadt o poco después de llegar.

Fritz Pfeffer, el último en ingresar al refugio, murió el 20 de diciembre de 1944 en el campo de Neuengamme.

Cuando todos se fueron de Auschwitz-Birkenau, Otto decidió quedarse en la enfermería. El 27 de enero de 1945, las tropas soviéticas ingresaron al campo y lo rescataron. Otto lo consideró un milagro gracias al cual logró sobrevivir. En cuanto pudo escribió a su madre para avisarle: "Tuve suerte y tuve buenos amigos".

Ni bien juntó un poco de energía inició el regreso a los Países Bajos. Junto a otros sobrevivientes se embarcó en un buque que se dirigía hacia Marsella (Francia), y allí se enteró de la muerte de su esposa. Entonces, se aferró a la ilusión de recuperar a sus hijas. Pero esa ilusión terminó en Ámsterdam, cuando unas religiosas que habían compartido el cautiverio de Margot y Ana le contaron acerca de lo difícil de sus últimos días y sus muertes por enfermedad.

Aquella noticia lo desgarró.

Sin embargo, apostó a vivir a pesar del horror. Y para eso contó con la ayuda invalorable de una de sus hijas: Annelies... Ana.

Tiempo después del arresto en el "Anexo Secreto", Miep Gies y Bep Voskuijl, dos de las personas que los habían mantenido con vida durante su encierro, volvieron al lugar y encontraron esparcidas por el suelo aquellas hojas manuscritas que habían caído del maletín de Otto durante la requisa nazi. Recorrieron las habitaciones y hallaron más papeles dispersos por el piso, todos escritos con la misma letra. Los guardaron con la esperanza de poder devolverlos algún día a alguien de la familia.

Aunque no lo sabían, aquellas hojas pertenecían a un diario que Annelies había recibido de regalo para su cumpleaños número trece, donde relataba las intimidades de los 761 días de encierro y los pensamientos y emociones que la habitaron durante ese tiempo.

Al enterarse de las muertes de las niñas, Miep Gies, quien ahora albergaba a Otto en su casa, le entregó las hojas que había recogido del piso del refugio secreto.

–Tome –le dijo–. Este es el legado de su hija Ana.

En un primer momento el hombre se resistía a leer aquellos textos. Según le escribió a su madre, no tenía las fuerzas necesarias para hacerlo. Poco después cambió de opinión.

Otto siempre había pensado que tenía una buena idea de lo que pasaba dentro de la cabeza de Ana. Pero cuando leyó sus textos comprendió que no era así.

La Ana que apareció ante mí era muy diferente de la hija que había perdido. No tenía ni idea de la profundidad de sus pensamientos y sentimientos.

El hombre no sólo los leyó, sino que se encargó de compartirlos con amigos y familiares, y a partir de entonces, publicar ese escrito titulado "El Anexo Secreto", y difundirlo fue la pasión que le dio un sentido a su vida. Aunque no fue fácil encontrar un editor tan pronto después de la guerra, porque la mayoría de la gente quería mirar hacia el futuro y no recorrer los traumas propios ni el dolor.

Pero Otto no renunciaría a su deseo. Quería que el mundo entero supiera lo ocurrido. Que la voz de su hija fuera un testimonio del horror.

Y lo logró.

Aquellas hojas esparcidas por el piso de un refugio oculto tras una biblioteca se convirtieron en uno de los libros más leídos de la humanidad. Hoy *El diario de Ana Frank* es, a pesar del espanto, una demostración de la potencia de la pulsión de vida.

Otto murió el 19 de agosto de 1980. Poco antes de su muerte, dijo en una entrevista:

Ya tengo casi noventa años y mi fuerza se está desvaneciendo lentamente. Pero la misión que me dejó Ana sigue dándome nuevas fuerzas: luchar por la reconciliación y por los derechos humanos en todo el mundo.

El diario de Ana Frank no es sólo un testimonio. Es la demostración de la potencia de la pulsión de vida. Veamos esa potencia en las palabras de Ana:

¿qué hay que hacer cuando nos encontramos en desgracia? ¿No salir de ella? En tal caso, estaríamos perdidos. En cambio, juzgo que volviéndonos hacia lo que es bello —la naturaleza, el sol, la libertad, lo hermoso que hay en nosotros— nos sentimos enriquecidos. Al no perder esto de vista, volvemos a encontrarnos en Dios, y recuperamos el equilibrio. Aquel que es feliz puede hacer dichosos a los demás. Quien no pierda el valor ni la confianza, jamás perecerá en la calamidad.

Conmueve leer los pensamientos de aquella adolescente que mantenía el coraje a pesar de la situación extrema que enfrentaba. Pero no hay otro modo. Al menos, así lo creía ella:

Realizar una cosa fácil no demanda ningún esfuerzo. Hay que practicar el bien y trabajar para merecer la dicha.

Y por eso luchó, incluso con sus contradicciones.

Más de una vez me pregunto si, para todos nosotros, no habría valido más no ocultarnos y estar

*ahora muertos, antes de pasar por todas estas ca-
lamidades, sobre todo por nuestros protectores,
que al menos no estarían en peligro. Ni siquiera
este pensamiento nos hace retroceder, amamos
todavía la vida, no hemos olvidado la voz de la
naturaleza, a pesar de todo.*

André Comte-Sponville dijo que la felicidad es la
capacidad de amar la vida.

Si esto es así, Ana logró ser feliz.

También su padre consiguió lo que parecía imposible. Siguió apostando al deseo. Se casó con una mujer
que, como él, había perdido a su familia en un campo
de concentración.

Otto Frank cuidó de todos mientras pudo. Fue
un gran hombre antes, durante y después de la guerra. Enfrentó la muerte de su esposa, de sus dos hijas,
de sus amigos, hizo trabajos forzados en un campo de
concentración y aun así volvió a amar y luchó hasta el
último de sus días para que la voz de su hija fuera escu-
chada por toda la humanidad. Una humanidad cruel
capaz de inventar la guillotina, la tortura, la guerra. Y
los campos de concentración.

2. NO MUY LEJOS

Si existe Auschwitz no existe Dios.

Sí, la frase pertenece a Primo Levi, el escritor italiano de origen judío sefardí que participó de la resistencia antifascista en el norte de su país, en donde fue capturado y enviado a Auschwitz. Como sabemos, una vez liberado, y de regreso en Turín, publicó *Si esto es un hombre*, el primero de los tres libros que le dan forma a su conocida "Trilogía de Auschwitz", en donde detalla los tormentos que padecían quienes se encontraban prisioneros en el campo de concentración y su lucha cotidiana por sobrevivir.

Una lucha en la que, con frecuencia, lo más importante era conseguir un pedazo de pan o un par de zapatos para no morir de hambre o de frío.

Para aniquilar cualquier rasgo de subjetividad en sus víctimas, los nazis les quitaban el nombre, esa palabra que nos antecede y que alguien –en general nuestros padres– pensó para nosotros, y en la que se juega un deseo, un afecto, un lugar que nos espera para darnos la bienvenida al mundo humano. Conocedores del valor del nombre, los captores lo reemplazaban por un número que marcaban a fuego en el cuerpo de sus prisioneros. De esa manera pretendían transformarlos en un objeto más dentro de una enorme serie de otros objetos.

Sin embargo, tanta crueldad no alcanzó para vencer el espíritu de quienes sostuvieron su ser a pesar del hambre, la injusticia y la tortura.

Lo que sigue es la historia de dos personas que encontraron un poco de cielo en medio de ese infierno.

Haim fue detenido una mañana cuando iba a su trabajo. La estrella de David que llevaba en su brazo lo "marcaba" como miembro de la comunidad judía y eso bastó para que lo subieran a un tren que lo llevaría hasta uno de los campos de concentración.

Aunque se decían muchas cosas, Haim no sabía qué esperar.

Por algunos relatos se había enterado de que los deportados a los campos eran obligados a trabajar hasta morir o aniquilados en cámaras de gas. Aun así, en aquel tren atestado de gente que lo llevaba a su destino,

Haim anhelaba que las cosas fueran diferentes. Se equivocaba. Incluso los horrores que le habían contado distaban mucho de la realidad que debería enfrentar.

Como era joven y fuerte pasó la primera selección en la que muchos fueron directamente llevados a las cámaras de gas. A él, en cambio, lo derivaron a trabajos forzados.

Fue conducido a unas barracas heladas donde le adjudicaron una litera llena de piojos que sería su lugar para dormir y el único hogar que conocería en mucho tiempo.

Al entrar se asombró cuando vio a los prisioneros. Desnutridos, rapados, enfermos, lastimados y en un estado tan denigrante que, tal como se preguntaría Primo Levi años más tarde, se cuestionó si esos espectros que tenía enfrente eran hombres.

Todos vestían un traje a rayas y mostraban una delgadez tan extrema que Haim no comprendía cómo podían mantenerse en pie y trabajar. No era extraño ver cómo algunos caían rendidos al piso cada mañana frente al regocijo morboso de sus captores.

En su texto "El chiste y su relación con el Inconsciente", Freud resalta la importancia de la sonrisa, ese plus de goce que aparece en quien disfruta de una broma. Un plus que muchas veces, lejos de provenir de un lugar sano, es el rostro que muestra la pulsión de muerte cuando encuentra un grado de satisfacción.

Haim percibía con asombro la sonrisa que se dibujaba en el rostro de los *kapos* cuando los prisioneros se desmayaban por el agotamiento. Porque encontraban la excusa para ejercer toda su violencia. Se acercaban al caído, lo pateaban, lo amenazaban con un arma e, incluso, en algunas ocasiones, lo mataban frente a sus compañeros a quienes exigían que siguieran con sus tareas como si nada hubiera ocurrido.

El terror era parte de sus días.

Al tiempo, Haim era uno más de esos esqueletos vivientes que cada mañana salían a trabajar en medio de la nieve y se arrastraban en busca de un trozo de pan.

¿Esto era un hombre?

No fueron pocas las veces que, como Ana Frank en su escondite, se preguntó si valía la pena vivir de esa manera.

Sus padres y sus hermanas habían sido asesinados por los nazis. Sólo quedaba él, que a esa altura ya no tenía nombre, ni familia, ni sueños. No se puede vivir sin ilusiones. Mucho menos en un cuerpo que duele cada vez más, que no para de doler, y que es objeto del goce siniestro de los más fuertes. Mejor era la muerte.

Con esa idea se despertó una mañana. Como de costumbre, salió a caminar por la nieve hasta llegar al lugar donde debía trabajar el día entero para levantar una barricada nueva junto a otros presos. Lo había pensado todo. Sería al mediodía, cuando paraban por media hora para almorzar un caldo sin sabor con un par de nabos sucios. Sólo tenía que echar a correr hacia el camino que conducía a la salida para que el oficial le diera la voz de alto o le disparara sin aviso por la espalda. Sería su fin. Una muerte más digna que la vida que llevaba.

El ritual del *kapo* era siempre el mismo: diez minutos antes del almuerzo se alejaba unos pasos para fumar un cigarrillo mientras ellos, los prisioneros, movían sus palas con esfuerzo deseando escuchar la orden para poder beber y comer. Tenían prohibido sacar la vista del suelo.

Haim removía la tierra para juntar unos escombros. El *kapo* estaba a unos metros. Cuando el hombre sacó el cigarrillo supo que había llegado la hora. Inspiró profundo para darse ánimo, estiró la espalada y levantó la mirada del piso para ubicar la salida.

Entonces los vio.

Unos ojos llenos de confusión lo miraban entre los alambres de púa.

Del otro lado del alambrado estaba el campo de las mujeres. Debían mantenerse alejadas; los hombres jamás alcanzaban a verlas. Pero en ese momento ella había llegado hasta el límite sin que el oficial se diera cuenta y se había parado con sus manos en las púas. Y lo miraba.

Haim, que estaba a punto de salir corriendo para que le pegaran un tiro por la espalda, se quedó inmóvil. Hacía meses que nadie lo miraba. Y sintió que nunca lo habían mirado de ese modo.

Ella también estaba consumida por el hambre. Era apenas un espectro, como él. Sin embargo, su mirada tenía algo de enigma, de esa magia que aparece con el deseo.

En un impulso, en lugar de correr para que lo mataran, Haim se acercó más al alambrado. Los ojos de la joven eran claros. A pesar de la hambruna no había ojeras. Solo un pedido sin voz que le tocó el alma. Y lo hizo sentir humano de nuevo.

Hemos hablado mucho de la importancia del reconocimiento. Dijimos que es lo único que nos convierte en $ujetos humanos: la mirada de alguien que nos hace sentir que nuestra existencia es importante. Y en medio del horror, rendido, con un plan para morirse, los ojos de esa desconocida le devolvieron las ganas de estar vivo.

A partir de ese día todo cambió.

Cada mañana, en lugar de salir a remover escombros o intentar escaparse de la vida, Haim salía para buscarla. Solo quería reencontrarse con esos ojos que le habían devuelto su humanidad.

Sospechaba que del otro lado de las púas ella sentía lo mismo. Porque todas las mañanas se las ingeniaba para escabullirse de los *kapos* y llegar hasta el alambrado.

Así, cada día, aquellos ojos salían a buscarse para decirse que por mucho que los nazis intentaran destruirlos, seguían siendo dos personas capaces de amar.

El tiempo pasó y la guerra llegó a su fin. Sabiéndose derrotados, los nazis desarmaron y destruyeron los campos de concentración y cualquier prueba del horror que habían causado.

Haim salió de su barraca y descubrió que ya no había oficiales alemanes ni *kapos* que lo torturaran. Con las pocas fuerzas que le quedaban recorrió el lugar y comprendió que el sitio había sido abandonado.

Al rato se cruzó con un hombre, y otro, y otro más. Cuerpos enfermos que habían sobrevivido. Llegó hasta el límite que separaba el campo de las mujeres y se dirigió hacia las barracas.

La buscó entre las jóvenes que todavía estaban ahí. Preguntó por ella aludiendo a sus ojos claros, que era lo único que podía describir con exactitud. Pero nadie sabía de quién hablaba.

Aunque indagó con esmero, no pudo encontrarla. Ni el día que dejó el campo, ni después.

Al poco tiempo regresó a su casa. Un hogar vacío que ya no tenía dueños. Pero no dejaba de buscarla. En cada lugar al que iba buscaba esos ojos sin nombre que lo habían mantenido con vida.

Fue en una reunión en la que una mujer comentó que había sido detenida en aquel campo. El corazón de Haim dio un vuelco. Estaba seguro de que debía de haber compartido su cautiverio con "la joven de la mirada", como la llamaba en secreto.

La mujer le comentó que tal vez se refería a alguna de las chicas que vivían en un pueblo cercano que fueron capturadas y llevadas a aquel campo de concentración.

Sin dudarlo, Haim se dirigió hacia ese pueblo y pudo conversar con algunas de las detenidas durante el tiempo previo a la liberación. Una de ellas le dijo que la mujer que buscaba podía ser cualquiera de las tantas que habían decidido migrar junto a su familia a un lugar muy lejano llamado Argentina.

Esa noche no durmió. Desconocía el nombre, la edad e incluso el rostro de "la joven de la mirada", pero ahora tenía al menos un dato: Argentina.

Decidido a viajar se enteró de que ese país distaba mucho de ser una aldea pequeña como las que conocía. Por el contrario, era uno de los países más extensos del mundo. Pero eso no iba a detenerlo.

Haim juntó el dinero necesario y una mañana, después de un largo viaje, llegó al puerto de Buenos Aires. Solo y sin entender el idioma intentó averiguar algo que lo ayudara. Pero fue en vano.

Pasó el tiempo.

El hombre comenzó a trabajar y construir su vida en ese lugar nuevo. Sin embargo, a pesar de haber conocido algunas jóvenes, se negó a casarse. Cada mañana, cada noche, en cada bar, en cada reunión, buscaba sus ojos.

Cierta vez, mientras celebraba el *shabbat* en casa de unos paisanos, la esposa de un amigo comentó que había estado detenida en el mismo campo que Haim y que había venido a Argentina junto a otras familias que también habían estado ahí.

El pulso de Haim se aceleró. De inmediato le preguntó por ellas. La mujer dudó y al rato respondió que de algunas se había separado al llegar al país, pero sabía que otras se habían trasladado a unos pueblitos serranos de la provincia de Córdoba.

Sin dudarlo, Haim sacó un pasaje y retomó su búsqueda. Recorrió cada pueblo preguntando por alguna familia judía que hubiera llegado por aquellos años. Al decirlo comprendió cuánto tiempo había pasado, cuánto llevaba persiguiendo un sueño imposible, y se puso a llorar con ese llanto contenido de quien enfrenta la injusticia.

Antes de regresar a su casa, a punto de darse por vencido, visitó el último de los pueblos, el más lejano.

El día era soleado. Su paso era lento y se sentía triste. Ya no le quedaban ilusiones. En realidad, tenía rabia. Su familia estaba muerta y él había soportado el hambre, el frío, la tortura, los trabajos forzados, la humillación y el exilio. No era justo. Al menos merecía que el único sueño de su vida se hubiera cumplido.

Ensimismado en sus pensamientos llegó hasta la puerta de una casa que tenía un jardín en la entrada. Vio a una mujer de espaldas que juntaba flores. Como lo había hecho tantas veces, golpeó las manos para anunciar su presencia. La mujer giró apenas el rostro al escucharlo y un rayo de sol cruzó sus cabellos. Eran dorados. Como la tarde. Se acercó unos pasos hacia él.

Y aquellos ojos volvieron a mirarse.

Después de tantos años la había encontrado.

Ninguno dijo nada. No hicieron falta las palabras. Ni entonces, ni ahora.

Ella corrió hasta quedar frente a él. Se miraron como antes. Pero esta vez muy cerca y libres de las púas. Y empezaron a llorar al mismo tiempo.

Él le acarició el rostro. Ella le besó la mano.

Y en una calle de tierra, en medio de las sierras, Haim y Elsa se abrazaron por primera vez.

Él inspiró y sintió el olor de su cuello. En ese momento recordó cómo había tomado aire para levantarse del suelo con el fin de iniciar su plan para que lo mataran.

La miró de nuevo, conmovido. Y sólo le dijo: "Gracias".

Elsa se apretó a su cuerpo y liberó un grito que llevaba retenido demasiado tiempo. Tampoco se había casado. Según dijo, porque sabía que algún día él llegaría a rescatarla, como entonces.

La historia me la contó la nieta de Elsa y Haim un día de lluvia, mientras tomábamos una copa de vino. Y me dijo que no recordaba un solo día en el que no hubiera visto a sus abuelos felices.

En silencio, para ocultar una lágrima, levanté la vista y miré por la ventana. Afuera, en los árboles mojados, todavía se adivinaba algo del día que se iba. Y pensé, con Borges, que a veces, al igual que Dios, también la felicidad acecha entre las púas, en las grietas más inesperadas del destino.

PALABRAS FINALES

A lo largo de este libro hemos visitado hechos y personajes de mi pasado, de la filosofía, la historia, la ciencia, la literatura, la mitología y el Psicoanálisis con un objetivo: echar luz (o sombras) acerca de la felicidad.

Entonces, como cada vez, fuimos de la mano de Jacques Lacan, que cuando acompaña a sus pacientes no sabe que es Virgilio.

Miramos el consultorio, con las honduras de cada persona que lo visitó. Y admitimos que ninguno de ellos entró diciendo que era feliz.

Nos paramos frente a la biblioteca y recorrimos mis libros, mi piano, pero también mi guitarra. Y la historia de una ilusión fallida con la música.

Abrazamos a mi padre albañil, que además de las casas que construyó, con su cobijo y su llanto también edificó mucho de lo que soy. Y a mi madre hacedora y pujante que pudo escuchar mi deseo de ser músico. Por ellos aprendí que el "buen oído" de los que deambulan en nuestra infancia es crucial en los asuntos de la felicidad.

Agradecí a aquellos personajes de mi niñez que tendieron la mano para que pudiera ser feliz. Don Roque que me indicaba cuándo cruzar la calle, el almacén del Tano y una ventana milagrosa. "El Colo" y el *Adagio* de Albinoni. En las primeras páginas de este libro dije que nunca pude darle las gracias a aquel chico que cambió mi vida. La ingratitud es el peor de los pecados.

Ahora que hemos andado más el camino, me pregunto: ¿habré sido un niño feliz o, como mi paciente Daniela con sus fotos, quizás haya reconstruido las imágenes de mi pasado para recordarlo de esa manera?

Hablamos de los ascetas que buscaban la felicidad en la perfección espiritual, en la soledad plena para que junto a ellos sólo pudiera estar Dios. Pero, aunque ascetas, también humanos. Y además de Dios, los demonios. Esos fantasmas con los que –si tenemos suerte– logramos convivir en paz.

Y más.

Nasio y su vocación: "Sí, el psicoanálisis cura". A pesar de lo cual *siempre quedará una parte de sufrimiento, un sufrimiento irreductible, inherente a la vida, necesario a la vida. Vivir sin sufrimiento no es vivir.*

Nietzsche y Schopenhauer que insinúan que no debemos perder tiempo en lo infructuoso sin entender que no tenemos otra alternativa más que insistir en lo infructuoso: la búsqueda del amor, la persecución de los deseos, el intento de construir un instante de felicidad.

Laferrére, Liniers, Florida, Retiro, el subte, el tren. Los domingos. Un libro. Territorios y tiempos de felicidad y dolor. Cortázar, que me enseñó a mirar a los otros, los anónimos. Esos rostros inexpugnables que pasaban ante mis ojos de viajante y mi mirada sorprendida. Y –quizás lo más importante– también me enseñó a pensar en los demás. Santo Tomás de Aquino dijo que *es mucho más hermoso iluminar que simplemente brillar*. De la misma manera, pienso que es más hermoso tratar de comprender a quienes observamos, construir mundos a partir de lo contemplado, que sólo contemplar.

Apareció el *Guernica*, y recuerdo una viñeta de Quino, el genial autor de Mafalda. En una habitación en el más completo desorden, se ve que la –aparente– dueña de casa le da instrucciones a su empleada para que ponga las cosas en su lugar. Acto seguido, en el cuadro que cierra la tira, la mujer, que se ha tomado el mandato muy en serio, no sólo termina con el desparramo, sino que hasta "ordena" las figuras de una reproducción del *Guernica* que cuelga en una de las paredes. Entonces, lo fragmentario, lo roto, el horror de la pintura original de Picasso, adquiere, luego de la "intervención" formas más amables, ordenadas. ¿Felices?

Algo como esto hacemos cuando miramos hacia atrás buscando que todo sea agradable, que tenga un sentido que nos permita eludir las heridas. De esa manera construimos un orden aparente. Engañoso. Pero la verdad es como el agua. No importa cómo, siempre encontrará el modo de filtrarse y hacernos ver (oír) lo que intentamos negar. Sin embargo, cuánto ímpetu ponemos en acomodar un pasado lleno de dolores para volverlo un pasado querido.

Al igual que Zeuxis y Parrasio, aquellos pintores que mejoraban la realidad, damos pinceladas torpes a nuestra historia para colorearla de dicha.

La infancia es un territorio ingenuo donde las ilusiones son posibles. Aunque Zoe siente la amenaza del "abandono" cada vez que la dejo en su jardín de infantes. Porque la niñez es también un mundo lleno de terrores.

En nuestro recorrido espiamos a Carrizo, Dolina, Ferrer y una elegante desesperación: desearse un feliz pasado. A Pessoa y los cumpleaños plenos de dicha cuando todavía nadie estaba muerto. A Joan Manuel Serrat y su niñez, donde un ejército de botones reemplazaba a los soldaditos de plomo. Y a partir de sus versos vuelvo a una infancia en que no había pelotas de cuero. Apenas las rojas y reboteras "Pulpo" de goma.

Caminamos de la mano de Cátulo Castillo y sus preguntas por los mundos perdidos: ¿Dónde estará mi arrabal? ¿Quién se robó mi niñez?

Nos sumergimos en regresos imposibles: el ruso Salzman, el *Martín Fierro* y mi viejo hogar transformado en tapera. Y la otra tapera a la que me llevó mi padre. El campo, la noche, los temores, nuestra conversación y la felicidad de sentirme un héroe. También la certeza de que no hay regresos posibles. De que toda vuelta es un regreso a ninguna parte. Como el retorno del amado de Laodamía, que volvió de la muerte apenas por tres horas. Otro fracaso.

Y la esperanza de la felicidad futura.

Esperanzas a las que, como sugiere Comte-Sponville, conviene renunciar. Porque la esperanza se opone a la felicidad.

Por eso la desilusión del pobre Enoch Soames que perdió su alma sólo para comprobar que adelante tampoco estaba lo deseado. Y una vez más Borges que se entusiasma con pensadores que imaginaron cielos frustrados. Cielos con algún dolor, porque nadie es capaz de tolerar una dicha completa.

Lo comprobó el fantasma de Anderson Imbert. Un espectro esperanzado en el reencuentro familiar. Frustración doble: la muerte y su esplendor. No hay reunión. Y peor: no hay nada.

Visitamos también lugares entrañables.

Mar del Plata, los escalones de su rambla y esa sensación de felicidad que era un poco del lugar y mucho de los hechos que vistieron mi historia. La felicidad –si está en algún sitio– es en las palabras, en los relatos. Los lugares son felices sólo por los cuentos que contamos, por el amor con que los investimos. En definitiva, todos seremos un día un cuento que alguien contará y para ser felices debemos dejar las mejores letras posibles. Sólo así se podrá armar una historia bella de lo que fue nuestra vida. El milagro de Ana Frank.

Mi mamá y su anhelo de conocer París.

El hijo de Alessandro, su viaje a Italia y la emoción de un encuentro inesperado con palabras e historias que ni siquiera sospechaba. Y la intuición de que el bagaje propio (esa especie de aliento de nuestra felicidad) está en los lugares más inesperados.

Einstein y su voluntarismo humanista. Freud y su respuesta trágica:

¿Por qué nos indignamos y sublevamos tanto contra la guerra, usted y yo y tantos otros? ¿Por qué no la admitimos como una más, y no hay pocas, de las tantas penosas y dolorosas miserias y calamidades de la vida?

El poeta y su tristeza ante lo transitorio. Y la sentencia de Freud: *No se debe renunciar a lo bello de la vida sólo porque es pasajero.*

Schopenhauer que otra vez sale al cruce con su mirada ante los intentos de Freud, de Einstein y hasta del poeta, y denuncia que la vida es nada más que un péndulo que va del dolor al hastío.

¿Qué lugar queda entonces para la felicidad?

Y riéndose de todo esto, rodando por Callao pasa el loco de nuestra balada más querida que ve la felicidad en los maniquíes que le guiñan, los semáforos que le dan tres luces celestes y las naranjas del frutero de la esquina que le tiran azahares.

Y un error frecuente: confundir la felicidad con el final del sufrimiento.

Y el desafío de enfrentar las pulsiones.

Hosenfeld, el nazi, y Szpilman, el pianista, unidos en un instante mágico. Una paradoja que detiene el tiempo. Y el horror.

El goce que muestra el trono de la pulsión de muerte.

Frankenstein y la bomba atómica.

Mis pacientes Anabela, Ezequiel y Marisa.

Charlie (*The Whale*) y la desmesura. Un suicidio lento.

Daniel ante el horror: un suicidio repentino. Y el cadáver de su madre.

Y un tiempo y espacio sin tiempo ni espacio.

Y una pregunta más: ¿La felicidad depende de uno?

Entonces aparece Bertrand Russell y nos invita al intento de conquistar alguna felicidad.

Natu Poblet, el champagne mañanero y su necesidad de que nos juntemos a pensar. Un ritual tan clásico como moderno.

Y siempre los griegos.

Ceres y el destino. La desmesura de Belerofonte y su pretensión de remontar el cielo, y la belleza desmedida de Medusa.

Filipo de Macedonia y su ruego: al menos una desgracia pequeña.

Filoctetes. Su llaga, su dolor, su olor a muerte y su soledad.

Aquiles y su anhelo de gloria y fama imperecederas.

Y se filtran Jiménez de Quesada y su obsesión por conseguir una riqueza interminable, y Ponce de León y la obcecada búsqueda de la juventud perpetua.

Y un héroe criollo, Don Adolfo Bioy Casares con su Gauna, su Valerga y su carnaval con personajes desmesurados y una tragedia inevitable.

De pronto aparece el azar.

Le Gentil y una nube cruel.

Esquilo y la muerte insólita.

Fleming y lo inesperado.

Diógenes, que quiere su porción de sol y Alejandro Magno, que desea ser Diógenes.

Edgar Cabanas y Eva Illouz que denuncian a "La ciencia de la felicidad" y la construcción de paraísos individuales.

Narciso y Eco. La condena de ser amado sin poder amar.

Schweitzer, su piano, la felicidad y el éxito. Dos temas distintos.

Byung-Chul Han y la posibilidad de una felicidad doliente.

El lunfardo, mi tío y el tango. Paraísos de mi infancia.

Otra vez el *Guernica* y la aglomeración del dolor. O la atrocidad de lo humano.

Mi abuelo Felipe, el puma, la mirada, el palo y el coraje de su madre "india".

La felicidad buscada. Una quimera.

Perseguidores de elixires, piedras filosofales y fuentes.

Titono y la vejez eterna.

Eladia Blazquez y la felicidad presente. Después, ¿qué importa del después?

Antonio Gala y la muerte como un hecho bien pensado. ¿Para no seguir sufriendo? ¿Para ser feliz?

Jorge, mi amigo, y su sonrisa final.

Unamuno y el sentimiento trágico como condición de la dicha.

Ástor y su camino hacia Piazzolla.

El gran deschave y la dependencia de la distracción… ¿con qué fin?

Aquel gato borgiano, feliz desconocedor de la muerte.

¿Es necesario ignorar para ser feliz?

Y de nuevo el horror.

Otto Frank, su hija Ana y la pulsión de vida en un infierno que ni Dante tuvo el coraje de imaginar.

Haim, Elsa y unos ojos para ser, para nombrarse, para seguir viviendo. Y para amar.

¿Es el amor una de las formas de la felicidad?

Tal vez.

Y estas palabras finales.

Palabras que retornan bajo la forma de preguntas sin respuesta y pensamientos desordenados.

Dijimos que quizás el recuerdo es un hecho artístico que nos permite mejorar la realidad. O destrozarla. ¿No será entonces que toda felicidad es, en alguna medida, una felicidad engañosa y resignificada?

No es posible ser feliz si no se acepta que siempre quedará algo por alcanzar. Algo que genera un deseo que resulta indispensable para la vida. Si no abrazamos ese deseo y la falta que lo genera, viviremos frustrados. Y nadie puede ser feliz y estar frustrado al mismo tiempo.

Sin embargo, existe el amor. Que no es la felicidad, pero se le parece tanto.

Un amor que no nos completa, pero que puede regalarnos momentos eternos que rozan instantes felices. Como la emoción de mi madre, la sonrisa agonizante de Freud ante el reconocimiento de Einstein, o el vinilo de "El Colo" rodando en mi casa.

La felicidad no es el éxito ni la completud. Tampoco es algo que se encuentra al satisfacer lo que se espera de nosotros.

Solemos confundir la felicidad con la euforia. Lejos de eso, se requiere calma para saborear el placer. La euforia es hybris, desmesura. Y lo que está de más lastima y enferma.

Nadie puede ser feliz en medio de una tragedia.

Sin embargo, la vida es una trama llena de sorpresas y peligros. Plagada de dudas y sufrimiento.

Si el goce hiere, entonces, ¿por qué Lacan sostuvo que vivimos porque gozamos?

Porque vivir sin dolor no es vivir.

Porque una vida sin dolor es una vida sin amor.

Es cierto que el goce y el dolor no son lo mismo. Pero como el amor y la felicidad, a veces también se parecen tanto. Y es preferible el dolor a la anestesia que nos propone esta vida inauténtica que pretende encerrarnos en la búsqueda de metas falsas o en la pantalla de un celular.

Debemos ser valientes y resistir esa invitación. Aunque cueste. Por más que duela. Después de todo, es posible una felicidad doliente, pero no una felicidad anestesiada. Y mucho menos una felicidad cobarde.

En este libro les propongo el desafío de no refugiarnos en lo pasado ni lo por venir.

La felicidad es urgente.

Es aquí y ahora.

Y no es con todo.

La completud es una utopía, y para ser feliz es necesario aferrarse a la verdad. Y la verdad es que no seremos felices cuando encontremos lo que buscamos. Porque lo que creemos buscar es un señuelo. Nadie sabe lo que busca. Vamos detrás de algo que está perdido para siempre.

Por eso la falta.

No es posible una felicidad completa. Si existe una felicidad será una felicidad imperfecta. Una felicidad en falta. Que no es lo mismo que falte la felicidad. No tiene por qué faltar. Hagámoslo posible. Y asumamos algo:

La felicidad no existe.

Sólo existe la *faltacidad*.

GABRIEL ROLÓN
Noviembre de 2023

FIN

ÍNDICE